【文庫クセジュ】

100語でたのしむオペラ

フィリップ・ジョルダン著／エマニュエル・ジョス執筆協力
武藤剛史／田口亜紀訳

白水社

Philippe Jordan, Emmanuelle Josse, *Les 100 mots de l'opéra*
(Collection QUE SAIS-JE ? N° 3978)

目次

はじめに

諸芸術を統合する生きたスペクタクルであるオペラは、人々を魅了すると同時に、畏怖させる。オペラはエリートのための芸術だと言われている。とはいえ、ヴェルディやヘンデルのオペラの合唱を聴くと、誰もが熱狂し、観客席は総立ちになる。モンテヴェルディの『オルフェオ』が初演された一六〇七年以来、聴衆は歌手たちに、私たちが今日映画スターに捧げるような崇拝の念を抱き続けてきた。マリア・カラス、その他の偉大な女性歌手たちのことを、私たちはディーヴァ、すなわち女神と呼び続けているではないか。オペラの台本は映画のシナリオに似ている。『ドン・ジョヴァンニ』『トラヴィアータ〈椿姫〉』『ジークフリート』は、人間の情念を白熱の域にまで高める。これらのオペラでは、ヒーローやヒロインが、愛によって、あるいは苦悩によって、悶え死ぬ。映画作家たちは、幾多の世紀を生き延びてきたこの激しく衝撃的な情念のドラマを現代に生かそうとしている。ワグナーが夢見た未来芸術［つまり映画のこと］の創造者たるコッポラ、テレンス・マリック、ラース・フォン・トリアーたちは、その映像をより強烈なものにするべく、つねにオペラを模範にしている。おそらくそれは、オペラというものが、思慮深い理性よりもはるかに強く観衆の心を揺さぶる芸術だからである。

むろん私とて、オペラの歴史とオペラを形成するあまたの理論をたった一〇〇語で語り尽くせるとは思っていない。この入門書では、むしろオペラのいわば肉体的次元を明らかにしたいと願っている。私のオペラ観は、経験、出会い、個人的な影響関係などによって培われている。指揮棒、バレエ、歌手団（アンサンブル）、練習、あるいはホール、こうした用語について、私はオーケストラ指揮者として、また音楽監督として、語ることになるだろう。それゆえこれらの用語を通して、好奇心旺盛な読者は、オペラの舞台裏をたっぷり見て回ることができるはずである。しかし私は、自分が指揮する作品の魔術につねに魅了されてきたし、また何人かのオペラ歌手の霊感や演出家の着想力にも強く心を動かされてきた。これからお読みいただくページには、そうした熱狂的な観衆としての私も顔をのぞかせることだろう。ワグナーやシュトラウスにくらべて、モンテヴェルディやラモーに言及する機会が少ないかもしれないが、その点はご容赦願いたい。オペラ芸術における彼らの重要性を過小評価しているわけではけっしてなく、私自身、いまのところ、彼らに接する機会が少ないというだけのことである。音楽監督という多面的な役柄から、私はオペラを構成する仕事全体をさまざまな角度から見ている。演目を決定すること、音響を最適にするべくオーケストラ・ピットの高さを調整すること、舞台美術家や演出家と舞台装置について相談すること、こうしたすべてのことが、私の芸術的探求のうちに含まれる。もちろん、ときにはひとりピアノに向かい、最高の解釈を模索してスコアを研究することもあるが、オペラという仕事は、何よりもまず、オーケストラや歌手たちとの共同作業による冒険的試みである。この共同性の次元がオペラ芸術の根幹をなす。パリ・オペラ座という船は、数百人の共同作業なくして音楽の海に乗り出すことはできない。また数千人という観客がその場にいてくれなければ、その航海はまったく虚しい。この共有された情念と熱狂こそ、私たちを生かす力であり、どんなＣＤも、どんなＤＶＤも、それに取って代わることはできない。

挨拶

オペラでの挨拶は幾通りかの慣例に則って行なわれる。オーケストラ指揮者の場合、最初と幕間のあと、ピットに入るときに挨拶する。また最後にピットを出るときには、普通プリマ・ドンナが彼を迎えに来てくれる。公演初日には、別の大役を演じた女性歌手が演出家を舞台上に連れ出す。合唱が重要な要素を占める作品の場合は、合唱コーチも舞台に上がって挨拶する。バイロイト音楽祭では、オーケストラ指揮者は、オペラ上演中、観客席から姿が見えないので、ラフな格好をしている。そこで、最後に舞台に上って挨拶するのに、大急ぎで正装しなければならない。この音楽祭の一風変わった情景である。

このようにすっかり慣例化されているとはいえ、挨拶はいまでも感動の瞬間である。というのも、上演中はつねに大きな不安がつきまとうからだ。観衆の反応はまったく予想できない。たしかに、練習の段階でも、高度な技量が要求される感動的なアリアのいくつかが、上演の際、拍手喝采を浴びるだろうということは予想がつく。また演奏中にも、何か手ごたえを感じることもあるし、またホールの雰囲気がひしひしと伝わってくることもある。しかし、数時間に及ぶ上演のあとで、観客がどのような反応を示すかを予見することは不可能である。指揮者である私は、演奏が終わったあとでも、まだ作品の情念的世界に浸りきっている。『トリスタンとイゾルデ』の結末となるイゾルデの死がもたらす感動は、『セビリアの理髪師』の輝かしいフィナーレがもたらすそれとはまったく違う。ほとんどの場合、私はくたくたになっている。とりわけ、長時間の上演のあとはそうである。とはいえ、リヒャルト・ワグナー（一八一三〜一八八三）を六時間演奏したあとの気分はと言えば、レースが終わったあとのマラソン選手のそれに似ていなくもない。自分のうちにまだありあまるエネルギーを感じていればこそ、もう一度やってもよいという気持ちになるのだ。

愛の二重唱

人工的と言わざるをえない表現法を用いながら、しかも現実を再現しようとするオペラの逆説を象徴するのは、愛の二重唱である。愛するふたりの登場人物が、ストーリーの展開を中断して、ふたりを結びつける絆がいかに強いかを、綿々と歌うのだ。なぜ、対話やレチタティーヴォから、アリアの瞑想的な歌に移るのだろうか。それはまさしく、音楽の本質にかかわっている。つまり音楽とは、言葉では言い表わせないものを表現することができる媒体なのだ。映画の有名なラブシーンでも、たとえばふたりの人物が唇を重ねる場面になると、たいてい音楽が流れてくる。このように、言葉が精神力や感動を十分に伝えられなくなったところから、音楽が始まるのだ。愛や死といった人間の実存に深くかかわる経験はとても強い感情を呼び起こすので、オペラは、当初からこうした劇的な要素を大いに活用するとともに、それを崇高な表現に昇華してきた。オペラ史上最初の傑作であるモンテヴェルディ（一五六七〜一六四三）の『オルフェオ』は、大いなる愛の物語であり、主人公は、ただ歌の力を頼りに、死に打ち克とうとする。それから数世紀後、瀕死の椿姫が恋人の腕にふたたび抱かれる場面は、また別の感動で人々を陶酔させた。こうした例は、ほかにもたくさん見つけることができるだろう。

愛の二重唱では、テノールとソプラノが同じ歌詞を、たいてい三度ないし六度で、声を合わせて歌うことが多い。男性ふたりの場合なら、むしろ友情が歌われるだろう。たとえば、『ドン・カルロ』で、自分の死期を悟ったポーザ侯爵（バリトン）が、友のドン・カルロ（テノール）に今生の別れを告げに行く場面。こうした場合、ちょうどヴァイオリンとチェロを組み合わせるように、明るい声と低い声を合わせるのがより効果的である。そうすることで旋律が美しく響き、コントラストもはっきりする。ところが、やはり『ドン・カルロ』において、珍しいことに、バスの二重唱がある。フィリッポ王と宗教裁判長は、それぞれ政治権力と宗教権力を体現し、互いに対立している。この二重唱は愛とは何の関係もない。それどころか、このふたりの人物には、腹黒さという共通点しかないのだ。

アシスタント

パリ国立オペラでは、百近くの職種団体が協力し合いながら、ふたつの場所——バスティーユとガルニエ（オペラ座）——で仕事をしている。そのため、経営、技術、芸術の各部門のあいだでの、さらには芸術部門のそれぞれの責任者のあいだでの、緊密な連携が必要とされる。アシスタントが重要な役割を果たすのは、まさにその点においてである。アシスタントは、オーケストラ指揮者、演出家、合唱コーチ、小道具チーフ、舞台装置や衣装の責任者たちの眼となり耳となる。それぞれの芸術部門ごとに、ひとりないしふたりのアシスタントがおり、場合によってはもっと多いこともある。音楽部門では、アシスタントは歌唱コーチの役を務めることがある。たとえばドイツでは、「音楽ヘッドコーチ」（*Studienleiter*）が、練習スケジュールや役割分担を決める「音楽練習監督」とオーケストラ首席指揮者の音楽アシスタントを兼務する。私の音楽アシスタントはオーケストラ指揮者である。仕事中、ずっと私のそばにおり、また私が不在のときには、代わりに練習の指揮を務める。私が指揮するときには、音の響きやバランスについて、あるいは演奏の出来不出来について、意見を述べ、それをスコアにメモする。彼はまた、アシスタントの仕事のかたわら、劇場で定期的にオペラの指揮をしている。

演出家にもひとりないし複数のアシスタントが付いている。アシスタントは演出家が出した指示を、備忘のため、逐一書きとめる。彼らはまた、リハーサルの際、欠席した歌手に代わって舞台に立つこともあるし、また最悪の場合、技術的な問題や病気などで本番に出られなくなった歌手の代理を務めることもある。その場合、舞台上でそばにいる別の歌手がそのパートを歌うことになる。再演の場合には、演出家が立ち会うのは総稽古だけである（もちろん、演出家自身が以前の演出を見直し、部分的に修正したいと思う場合は別だが）。それまでは、アシスタントが練習を監督し、歌手たちに演技指導する。

たいていの場合、指揮者としてのキャリアの最初にアシスタントの仕事をする。それが一人前のプロになるための理想的方法であり、またより責任ある仕事に就くための最良のステップである。

アリア

バロック時代に、ロンドンやヴェネチアで、ゲオルク・フリードリヒ・ヘンデル（一六八五〜一七五九）やアントニオ・ヴィヴァルディ（一六七八〜一七四一）のアリアが、どんなふうにして文字通りの「ヒット曲」になったのか、いまとなっては想像しがたい。ひとつのオペラに何曲のアリアを入れるかは、作曲家との契約で定められており、しかも作曲家は、歌手たちの能力に合わせて、曲を作っていた。たとえば、『コジ・ファン・トゥッテ』のフィオルディリージの役はかなりの高音とかなりの低音を等しく要求されるが、それはモーツァルト（一七五六〜一七九一）が、一七九〇年のこの役の初演者であるアドリアーナ・フェラレーゼ（推定一七五五〜一八〇四）の声の特性に合わせて作曲したからである。それから半世紀後、ベッリーニもまた、ノルマの役に、とりわけ有名なアリア「清らかな女神」を歌わせるのに、ある歌手をはっきり念頭に置いていた。かの偉大なるジュディッタ・パスタ（一七九七〜一八六五）である。

オペラの初期、アリアは徐々にレチタティーヴォと区別されるようになった。構造がより明確な──リズムによって、あるいは反復効果によって──旋律を用いることで、アリアは登場人物の感情や思いを巧みに表現する。十八世紀になると、アリアはすっかり定式化される。バロック・オペラの典型様式を完成したとされるイタリアの詩人メタスタージオ（一六九八〜一七八二）は、ハープシコードの伴奏つきレチタティーヴォとフル・オーケストラをバックに歌うアリアとが交互に現われるような按配で台本を書いた。バロック・アリアでは、いわゆるABA′の三部形式で、あるいはダ・カーポで、まずはAの旋律を歌い、つぎに対照的なBの旋律がそれに応え、さらに装飾を凝らした主旋律A′が続くが、それには声の妙技を披露できるようないくつかの変奏が伴う。ひとつのオペラで、どの歌手も五つのアリアを歌うが、それぞれに内容が定められている（たとえば、怒りを歌う「インフリータ」、悲しみを歌う「ディ・ラメント」など）。偉大な芸術家が偉大であるゆえんは、制約の多い形式のなかで、独特の個性を表現することにある。ただし、そうした慣例にもかかわらず、たとえば、ヘンデルのような作曲家たちは大いに創意工夫を凝らしてもいる。ところが、十八世紀の半ばを過ぎると、厳格すぎる構造が嫌われるようになる。モーツァルトは、各幕のフィナーレで、レチタティーヴォとアリアの区別をあいまいにすることによって、筋の進行をより滑らかなものにしている。さらに時代が下り、ワグナーの「無限旋律」が出現したことで、アリアはその使命を終えた。しかし、アリアが歌われなくなったとはいえ、それと同じ瞑想的な歌の役割を、ドラマの展開に織り込まれた独白の場面――たとえば『トリスタンとイゾルデ』の「イゾルデの愛の死」(*Isoldes Liebestod*)の場面――が果たしている。

息つぎ

オペラでは、舞台と客席の距離がかなりあるため、歌手たちも相当な肉体的努力を強いられるが、しかしそれをできるだけ感じ取られないようにしなればならない。弦楽器では運指法が決まっているように、歌手たちの息つぎも、きれいに揃えなければならない。とりわけ、二重唱、三重唱などの重唱で歌う場合には、それぞれの息つぎが乱れないようにする必要がある。普通、息つぎはフレーズごとに行なう。しかし、フレーズが長い場合には、別の方法を考える。たとえば、ひとつの音楽フレーズが一語だけにかかり、しかもそのフレーズがずっと長くなる場合には、その語を繰り返してみるのもひとつの方法である。そうすれば、同じ言葉と言葉のあいだで息つぎができる。大切なのは、息つぎに演劇的意味を持たせることである。この場合であれば、同じ語を繰り返すことが、その登場人物の言葉に、より決然とした調子を与えることになるだろう。このように息つぎは、登場人物の心理表現に奉仕するとともに、その人物が感じている情動と一致していなければならない。私たちは生きた肉体を使って表現しているのだ。歌うとは、歌手の全身を必要とする行為である。観客もまた、役を演じる歌手たちから感じられる肉体的緊張に敏感に反応する。その肉体的緊張が、観客をも突き動かす。映画化されたオペラ作品と比較してみれば、このことはいっそうはっきり感じられるだろう。映画ではいわゆるプレイバックで歌われる。口をパクパクさせているだけの登場人物たちの演技は、奇妙なほどに味気ない。彼らの演技に力強さ、迫力が欠けるのは、じっさいには歌っていないので彼らの身体に歌の生命が吹き込まれていないからである。

遺産

私は、「伝統」という言葉よりも、「遺産」という言葉を好んで使う。音楽家は、まさに「遺産」を問うことによって、生きた音楽の正しい解釈を学ぶことができる。遺産にはいくつかの種類がある。たとえば文化的遺産。フランス、ドイツ、アメリカでは、それぞれに演奏の仕方が違う。場合によっては、家族的な遺産もある。というのも、多くの音楽家が音楽家の子なのだ。私の場合もそうで、私の父〔アルミン・ジョルダン、一九三二〜二〇〇六〕は、ドイツ系とラテン系、ふたつの文化が交差するスイスで生まれ育った。とりわけフランス的な音色を愛した彼は、フランスのいくつかのオーケストラ、そしてスイス・ロマンド管弦楽団との仕事が多かった。私も父の好みを受け継いでいるが、私が育ったのは、同じスイスでもドイツ語圏のチューリッヒだったし、音楽教育を受けたのも、主にドイツにおいてであり、とりわけダニエル・バレンボイムのもとで多くを学んだ。ダニエル・バレンボイムもまた、コスモポリタニズムを代表するひとりである。このアルゼンチン生まれのユダヤ人音楽家は、若い頃からドイツ文化に強く惹かれており、彼の演奏には、戦前の偉大な音楽家たちの影響がはっきり感じられる。ヴィルヘルム・フルトヴェングラー、アルトゥール・ルビンシュタイン、オットー・クレンペラー、ナディア・ブランジェなど。ダニエル・バレンボイムは旧東ドイツでの仕事も多く、ベルリンやドレスデンのシュターツカペレ（歌劇場オーケストラ）の指揮者を長らく務めた。地政学的にも興味深いこうした経歴から、西ヨーロッパの〈主流〉とは一味違う、バレンボイム固有の音色や響きが生まれ、独特の精彩を放っている。いずこのオーケストラであれ、その個性はそれぞれに時とともに形成されたものであって、長い年月をかけて築き上げられたこのアイデンティティに、指揮者は自分自身を合わせていかなければならない。私はまずベルリンでそれを感じ、さらにウィーンでも感じ、最近ではバイロイトでも感じた。バイロイトの有名な祝祭劇場は、ユニークな音響効果を備えた特殊なホールである。楽団員たちは、指揮者の提案にたいして非常にオープンな態度を示してくれるが、それだけに指揮者は、彼らの演奏法や、彼らの奏でる通常のオーケストラよりも重厚な音を尊重しなければならない。じっさい彼らは、ひとりの作曲家がみずから自分のために設計したこのホールの性格を隅々まで知り抜いているのだ。彼らこそ、ワグナー遺産の特別受託者たちなのである。

意思疎通

歌劇場では、必然的に、それぞれの役割が細かく分かれ、また序列化される。それゆえ、円滑な意思疎通こそ、全体が滞りなく機能するための鍵となる。音楽監督を務める楽しみのひとつは、歌劇場のさまざまな部門の人たちとともに仕事ができるということである。パリ・オペラ座で音楽監督を務めている私は、総監督とともに演目をどうするかを考えたり、しかじかの客員指揮者を招いたらどうかとか、生誕何年あるいは没後何年に当たるしかじかの作曲家を取り上げたらどうかとか、彼に提案したりする。それはまさに、事務部門と芸術部門の代表者同士の直接交渉である。しかし、演奏者たちと仕事をするときには、私の関心は音楽に集中する。芸術家が国際的なキャリアを持っていたとしても、また音楽が万国共通のひとつの言語であるとしても、言葉の問題はけっして無視できない。じっさい、指揮台に立ったとき、演奏者たちの使う言語を話すことはとても大事だと思うので、私はできるかぎり努力する。そうすることで、共通理解の土台が築かれる。音楽アシスタントたちと信頼関係を築くことも大切である。オーケストラ指揮者はすべての稽古に立ち会うわけにはいかないので、アシスタントが代わりに指揮台に立ち、場合によっては――たとえば、舞台稽古の際、演出家にたいして――指揮者の考え方を代弁する。アシスタントは、指揮者と話し合ったり、あるいは最初の稽古に立ち会ったりして、すでに指揮者の解釈法をしっかり把握しているのだ。アシスタントはまた、指揮者からの非常に重要な情報を伝達する。バイロイトのような特殊なホールでは、ピットに連絡用の電話が備え付けられている。これを使って、指揮者は音楽アシスタントと直接話し合う。アシスタントは客席にいて、音の響き具合や歌手の声とオーケストラの音量のバランスについて、指揮者に逐一報告する。この連絡法を導入した頃は、誰もが違和感を覚えたものだが、すぐに慣れてしまった。ともあれ、厳密な時間管理ができなければ、すべての人間の仕事をまとめて、ひとつのオペラ作品を仕上げるのは不可能である。誰の予定表もぎっしり詰まっている。時間は正確でなければならないし、その時間に使える稽古場がなければならない。とりわけ、予定表や時間割に関するあらゆる情報が、すべての部署に周知徹底されていなければならない。計画作成の仕事は、オペラ制作を円滑に進めるために欠かせない重要な歯車である。

誰に話しかけるにしても、私は適切な言葉遣いをしようといつも心がけている。余計なことを言わないだけでなく、正確に言わなければならない。芸術にかかわる仕事では、とくにそうである。あまりくどくど言うと、かえって相手を惑わしてしまう。逆に、簡潔にして要を得た注意を与えることによって、豊かな演奏が生まれる。

衣装

舞台上で歌う歌手は、声ばかりではなく、体全体で表現する。練習の最初の段階から、歌手たちは衣装を整える。それは、まだ本番の衣装そのものではないが、だいたいそれに近いものである。たとえば、伯爵夫人役はたいていクリノリン〔鯨骨などで作られた婦人のスカートを張らせるためのペチコート〕を身につけるが、それによって、身のこなしや動作が変わってくるし、自分の占めるスペースの感覚もつかめる。何よりもまず、歌手たちは、自分の配役に合った衣装を着ることで、より真情を込めて歌うことができ、そうして初めて、それぞれの人物像がはっきり浮かび上がってくる。

衣装デザイナーは、演出家の作品構想を踏まえ、それにふさわしい衣装を考案しなければならない。演出家には、衣装に関する協力者がいる。ひとりの場合もあるが、多くの美術関係者が加わることもある。まずは演出家の構想や意図を知り尽くした衣装係であるが、さらには舞台美術家、舞台設計家、照明デザイナーなども必要に応じて加わる。

さらに衣装係は、衣装の仕上げや試着の際、歌手たちの着心地にも十分配慮しなければならない。もちろん、かつらやメイキャップについても、同様の配慮が必要である。衣装が重すぎたり、厚すぎたりすると、歌手たちはうまく呼吸できなくなってしまう。衣装係はこうした具体的で細かいところに気を配るので、ときには、演出家の構想に技術的な観点から制約を加えることもある。構想の段階ではいくら美しいと思えても、舞台という現実的制約には耐えない場合も多いのだ。こうした芸術的感性が要求されるために、衣装係は特殊な専門職となっている。オペラの衣装デザインを高名な服飾デザイナーに依頼することもあるが、衣装係の知識と技術はそれとはまったく異なるものである。

オペラの衣装制作は特殊な職人仕事である。パリ国立オペラには、衣装の縫製と保存管理のために、一五三人の常勤職員が働いている。これらの職員はガルニエ（バレエ部門）とバスティーユ（オペラ部門）に分かれ、それぞれにさまざまな工房（縫製、衣装装飾、編み物、靴製造など）で働いている。

異本

『フィデリオ』について、ベートーヴェン（一七七〇〜一八二七）は「〔私の〕すべての子供たちのなかでも、私にもっとも大きな苦労をかけた子供」と述懐している。その言葉通り、彼にとって唯一のオペラとなったこの作品を、ベートーヴェンは何度も書き直し、その結果、三つの版が残されている。しかし、この著名な作曲家が唯一の例外というわけではない。彼のように、自分のオペラを何度も書き直した作曲家は数多くいる。書き直す理由もまちまちで、芸術的要求からの場合もあれば、もっと物質的理由からの場合もある。たとえばモーツァルトの場合、上演する場所に応じて、オペラを書き直している。『ドン・ジョヴァンニ』は、一七八七年、プラハで初演されたが、一年後にウィーンで上演する際、歌姫カヴァリエリの美声を生かすため、エルヴィーラ役にアリアをひとつ加えた。自分の作品を書き直すどころか、その行く末を見届けることさえできなかった作曲家たちもいる。ジョルジュ・ビゼー（一八三八〜一八七五）やモデスト・ムソルグスキー（一八三九〜一八八一）がそうだった。ビゼーは、『カルメン』の決定版を完成させることなく、一八七五年に亡くなった。ムソルグスキーの場合、一八七四年、彼は『ボリス・ゴドゥノフ』という特異で斬新な傑作をロシア・オペラにもたらした。ところが、一八八一年に彼が亡くなったあとで、友人のリムスキー゠コルサコフが、オーケストレーションを徹底的に改変して、原曲の大胆さを消し去ってしまった。世紀が改まると、今度は作曲家ショスタコーヴィチ（一九〇六〜一九七五）が、スターリンの命を受けて、『ボリス・ゴドゥノフ』にまたもや手を加えた……。こうしたことを考え合わせると、ひとつの作品について、どの版を採用するかは、よくよく考えてみる必要がある。伝統ということも考慮しなければならない。時とともに、レパートリーとなってしまった版も少なくない。観客はそうした版での上演を期待するし、歌手や演奏家も、それによって経験を積んできたのである。ちなみに、『ドン・ジョヴァンニ』で言えば、もっともよく上演される版は、プラハ版とウィーン版を折衷したものである。

ところが、二十世紀後半以来、「原典」、すなわち作曲家の手稿譜を尊重する傾向が出てきた。『ボリス・ゴドゥノフ』の原典版が、一九八〇年代から、つまり初演以来一世紀以上が経ってから、にわかに脚光を浴びるようになったのも、おそらくはこうした源泉への回帰という風潮のおかげである。

『ヴォツェック』

ワグナーのあと、『トリスタンとイゾルデ』のあと、いったいどんなオペラを書くことができようか。クロード・ドビュッシー（一八六二〜一九一八）は、『ペレアスとメリザンド』を書くことによって、独自の道、きわめてフランス的な道を辿ったが、ひとつの流派を形成するには至らなかった。ウィーンでは、リヒャルト・シュトラウス（一八六四〜一九四九）がバイロイトのマイスターの大胆な試みを自家薬籠中のものとしたとはいえ、モーツァルト的ともいえるアイロニーによって、この師匠にたいして醒めた距離を保っていた。ワグナーの革命を、真の意味において、行き着くところまで推し進めたのは、別のウィーン人たちであった。そのもっとも有名な代表者は、おそらく、十二音技法の発明者、アルノルト・シェーンベルク（一八七四〜一九五一）である。とはいえ、この運動に属するもっとも注目すべきオペラを書いたのはアルバン・ベルク（一八八五〜一九三五）である。一九二五年に作曲された『ヴォツェック』において、アルバン・ベルクは、ワグナーがすでに目論んでいた調性システムの解体に向けて、さらに一歩を進めたのである。一八三七年に未完のまま残されたゲオルク・ビュヒナーの戯曲に想を得て、ベルクは先達たちよりもリアリズムをさらに力強く推し進めたのである。ジュゼッペ・ヴェルディ（一八一三〜一九〇一）も、たしかに社会の周辺に生きる人物に焦点を当ててはいるが、同時に壮大で祝祭的な場面も好んで描いている。ところが兵士ヴォツェックは、アンチ・ヒーローであり、みじめな人間にすぎない。彼の心理的不安定性は、現代世界に深く根差したものであり、二十世紀初頭の時代に胚胎した苦悶を反映している。彼は不安をかきたてる人物であり、現代の苦悩の根源を照らし出している。ベルクの音楽も、美を追求するどころか、不協和音をいやがうえにもかきたてている。不協和音によってこそ、真実に到達しうる。というのも、現実自体がすでに調和を失っているからだ。とはいえ、観客をいたずらに混乱させないよう、ベルクは厳密な構成を心がけており、このオペラが三部構成であることが、明確に示されている。第一幕は「提示部」であり、五つの「性格小品」からなる。つまりひとつひとつの場が、パッサカリア、子守唄などの音楽によって、それぞれ性格づけられている。第二幕は「展開部」であり、五楽章からなる交響曲である。そして第三部「破局」は、ひとつのテーマ、ひとつの音、ひとつのリズムに基づく五つのインベンションからなる。このように、『ヴォツェック』は、音楽の歴史を総合するとともに、新たな展望を開いている。

この作品は、美学的な断絶を明らかにしている。この時代以降、知的音楽と娯楽音楽を隔てる溝は、ますます大きく広がるばかりである。この作品に続くものはまだ書かれていない。それはまさしく創造の問題である。

運営

パリ・オペラ座のような文化機関は、かなり複雑な経営組織である。その予算の一部は、芸術制作に充てられ、スペクタクルを上演するために使われるが、それ以外は、常勤職員への給与の支払いに充てられる。常勤職員には、楽団員はもちろん、財務部門や工房などで働く人たちも含まれる。図式的に言えば、歌劇場の全職員を等しく重要な三つのグループに分けることができるだろう。すなわち、芸術部門、技術部門、経営部門で、これら三つの部門にほぼ三分の一ずつ、職員が配属されている。この三つの部門は、歌劇場を円滑に運営するうえで、いずれも必要不可欠である。

したがって、もっぱら経営にかかわるポストもあれば、主として芸術面——それだけというわけではないが——にかかわるポストもある。目下、私が就いている音楽監督のポストもそのひとつである。音楽監督の職務には、オーケストラのみならず、歌唱コーチや合唱（この場合は、合唱コーチと相談することになる）に関する重要事項を決定することが含まれている。また人事管理の仕事、たとえばコンクールで音楽家を募集したり、特別休暇の申請を審査したりすることもある。芸術制作に向けての具体的な段取りをすることも音楽監督の仕事である。たとえば、ひとつのオペラ作品を上演するのに、スコアはどの版がベストか。オーケストラのコンサートでは、どんなプログラムを組んだらよいか。ある演目にたいして、何人の音楽家と契約するか。ピットにオーケストラをどう配置するか。こうしたすべてのことに、音楽監督は芸術的観点から目配りしなければならない。音楽監督が、ワグナーを演奏するのに、アメリカ製なりドイツ製なりの金楽器を使ったほうがよいという意見を述べると、今度は財政担当の部署が、それが可能かどうかを判断する。最後に、音楽監督には、管理職としてのもうひとつ重要な仕事が残されている。つまり、劇場のさまざまな芸術部門関係者を〈音楽に向けてまとめあげる〉ことである。まず正確な計画表を作成しなければならない。シーズン中、どんなプログラムを組むか。年間を通じての稽古の段取りをどうするか。合唱団の応援をあらかじめ頼んでおくか。パリ・オペラ座のように、ふたつの施設――バスティーユとガルニエ――を擁する歌劇場においては、ひとつのシーズンを無事乗り切るのに、何より必要なのは連携である。

運命

いくつかの偉大なオペラでは、登場人物たちの逃れることのできない〈運命〉が、具体的な形をして、舞台に登場する。モーツァルトが一七八七年に作曲したオペラ『ドン・ジョヴァンニ』では、騎士長が最後の最後にふたたび現われ、誘惑者を奈落の底に引きずり込む。ヴェルディもまた、ほぼ同じ手法を使っている。『ドン・カルロ』の最終場面、すべての登場人物がカルロ五世の墓の周りに集まっているとき、とつぜん亡き王の声が轟く。その声に引き寄せられて、カルロも姿を消す。ヴェルディはまた、一八六二年から六九年にかけて作曲した『運命の力』において、〈運命〉の力を荘重な三音のユニゾンで表現している。まずは序曲で管楽器がそれを力強く奏でるが、その後も、オペラ全体を通じ、さまざまな変奏を伴って繰り返される。劇作法の観点からも、こうした手法は非常に効果的である。

オペラ作品の多くは、このように、〈運命〉という抗しがたい力に登場人物がどう立ち向かうかということを最大のテーマとしている。オペラの登場人物が働きかけるのは、まさに通常の言葉が意味を失った世界にたいしてである。彼らが歌わざるをえないのは、自分の抱いている感情があまりに強く、理性の領域を越えてしまっているからだ。そうした感情にすっかりわが身を委ねるには、音楽に頼るしかない。音楽は、何ひとつ記述しないし、言語化しない。こうした音楽も、たしかに物理的に音として奏でられるのだが、まったく非物質的なままであり、それゆえに崇高なるもののおぼろげな姿を垣間見せてくれる。オペラの登場人物たちが私たちを感動させるのは、まさにそのためだろう。彼らのあらゆる行動、愛や権力を獲得しようとする彼らの意志、それは飽くなき自由の追求を表わしている。だが、彼らが自分を表現しているその音楽は、同時にまた、目に見え、手で触れることができる世界を越えて、もうひとつ別の世界があることを、私たちに思い起こさせてくれる。

映画

もしワグナーが今日生きていたとしたら、映画を作ったにちがいないと私は思う。そのうえ、彼はつねに時代の先端を行っていたから、おそらく、3Dのような最新の技術を駆使しようとしただろう。というのも、映画とオペラは全体芸術の夢を分かち持っているのだ。

映画の成功によって、オペラは革新を迫られた。映画がハリウッドのスタジオで制作されていた頃であれば、オペラの演出家はまだ、張り子の人形劇のような伝統様式の美学に甘んじることもできた。しかし、一九五〇年代から六〇年代にかけて、映画の撮影カメラが屋外に、さらには野外に出るようになると、そうしたスクリーン上の写実性とくらべて、生身のスペクタクルであるオペラの約束事がいかにも滑稽なものに思われてくる。そこで、演出家はオペラの特殊性を掘り下げ、その不条理かつ非現実的な性格を積極的に生かさざるをえなくなる。それによって、オペラの様式化が一段と進む。この分野でもっとも大胆な実験的試みを行なったのは、アメリカ人演出家ロバート・ウィルソンである。ほとんど舞台装置を使わない彼の世界は、光とパントマイムに近い身ぶりからなる舞踏芸術であり、あらゆるリアリズムの彼方にある。

映画でオペラを制作するときには、こうしたオペラの特殊性を生かすことが成功の鍵となる。私の考えでは、もっとも成功したオペラ映画とは、リアリズムを排し、何よりも詩的イメージを作り出そうとしたものである。イングマール・ベルイマン（一九一八〜二〇〇七）が一九七五年に制作した『魔笛』は、モーツァルトのオペラについての映画というよりも、芝居の魔術と幻想を追求した映画であり、そうした魔術や幻想が映像に敏感な観客に及ぼす効果までが織り込まれている。

演出家

二〇一一年にオペラ・バスティーユで『ドン・ジョヴァンニ』を再演するにあたって、いろいろ調べているうち、たまたまミヒャエル・ハネケ演出のDVDを見つけた。彼の力強く徹底的な作品解釈は、たちまち私を魅了した。しかし、彼の音楽の扱い方は、いくつかの点で、私を驚かせた。とりわけ、演奏の合間にしばしばかなり長い沈黙を挿入しているが、それによって、モーツァルトが思い描いたドランマ・ジョコーゾ（*dramma giocoso*）、すなわち「陽気な音楽劇」の軽快な流れを阻害してしまうのではないかと、私には思われたのである。これらの沈黙は、作品の暗く悲劇的な側面を強調するものであり、それによって、作品の喜劇的要素がすっかり消し去られてしまっている。そこで、私はミヒャエル・ハネケに自分の疑問を率直に伝えた。それから、いろいろ意見のやり取りがあり、私はしだいにこのオーストリアの偉大な演出家の世界を深く理解するようになった。この経験によって、私は『ドン・ジョヴァンニ』の新しい側面を発見することができたのである。

オペラの長い歴史を通じて、オペラの舞台芸術的側面にこだわりを示した人物も少なくない。ルイ十四世の宮廷で、ジャン＝バティスト・リュリ（一六三二～一六八七）は歌手たちに朗唱法について当時の悲劇俳優を見習うようにとつねづね言っていた。ロマン主義時代では、リヒャルト・ワグナーが、〈全体芸術〉の構想を掲げて、オペラ舞台の革新のために闘った。しかし二十世紀に入ると、オペラの世界でも、歌の側面ばかりが重視されるようになり、そのため伝統を重んじ、歌を引き立てることしか考えない、おとなしい演出家が多くなった。観客もまた、もっぱら歌と音楽を聴きに来ていたのである。幸いなことに、一九六〇年代から、ヴィーラント・ワグナー、ジョルジョ・ストレーレル、ジャン＝ピエール・ポネルといった優れた演出家が現われ、その力強く斬新な作品解釈によって、オペラにおける演出家の役割の重要性を強く印象付けることに成功した。
　もちろん、オペラ演出家は、このジャンル特有のさまざまな制約とうまく折り合いをつけていかねばならない。私の経験からして、観客を深く考え込ませることができれば、その演出は成功したと言えるだろう。とはいえ、テキストや音楽をねじ曲げてはならないし、また舞台上で最高の演技をしようとしている歌手たちを大切に扱わなければならない。こうしたバランスが大切なのだが、何人かの演出家たちはこの絶妙のバランスを達成している。たとえば、バイロイト音楽祭でめぐり合ったシュテファン・ヘアハイム、あるいはオリヴィエ・ピィ、パトリス・シェロー〔二〇一三年没〕など。彼らとなら、喜んでいっしょに仕事をしたいと思う。

オーケストラ

オーケストラは、合唱と並んで歌劇場を支える大きな柱のひとつである。とはいえ、観客はとくにオーケストラを聴きに来るというわけではない。むしろ、歌手の歌声や演出の仕方のほうが観客の注目を集める。そうは言っても、よいオーケストラに支えられなければ、どれほど優れた演出も精彩を欠いたものになるにちがいない。ところが、その逆のケースはあまり考えられないだろう。オーケストラは、まず序曲で、音のエネルギーをホール全体に行き渡らせなければならない。このエネルギーこそ、スペクタクルの決定的要素である。オペラの制作過程において、ピアノ総稽古、つまりピアノの単独伴奏でオペラ全体を演じる通し稽古までは、まだ命が通っていないように思われる。オーケストラの演奏が加わることで、ようやく、本物のスペクタクルが立ち現われる。さまざまな音色を自在に混ぜ合わせて、オーケストラはひとつの世界を描き出す。それゆえ、オーケストラの演奏を聴くだけで、ヴェルディの世界にいるのか、モーツァルトの世界にいるのか、すぐに分かる。たとえば、ワグナーのスコアでは、オーケストラはまさに主役を演じている。けれども場合によっては、もっぱら歌手やダンサーに仕えて、伴奏者の役に徹することもある。

オーケストラという集団において、ヴァイオリン・ソロ（コンサート・マスター）は特別重要な存在である、彼はまず、第一ヴァイオリンのリーダーであるが、弦楽器全体の、つまりオーケストラを代表する楽器群（第二ヴァイオリン、ヴィオラ、チェロ、コントラバスを含む）のリーダーでもある。ヴァイオリン・ソロは弦楽器奏者たちに指揮者の指示を伝える。指揮者の説明がうまく演奏者全体に伝わらなかった場合や、あるパッセージをもう一度練習する必要があると思われる場合などは、彼がオーケストラ全体のスポークスマンの役割を務める。

最後に、音符にかかわる話以外にも触れておこう。オーケストラ指揮者は、一見取るに足らないと思われるようなことにも注意を払わなければならない。たとえば、ピットの空間が狭すぎるとか、室温が高すぎるとか、送風が気になるとか……。よい音楽を奏でるためには、演奏者たちがゆったりした気分でいることが必要である。コンクールで選ばれたこれらの芸術家たちは、自分の感受性の表現をひとつの共通目的のために用いるという任務に徹し、猛烈に練習する。オーケストラが、指揮するたびに新たな発見をもたらしてくれるユニークな人間集団、真に生きた組織体であるのは、まさしく彼らのおかげである。

「音の個性」の項〔三六頁〕も参照されたい。

オーケストラ指揮者

今日では一般通念になっており、また私自身が現に担っているようなオーケストラ指揮者の役割は、音楽の歴史において、かなり遅くなってから出現したものである。十八世紀のドイツでカペルマイスター（楽長）と呼ばれた音楽家は、芸術の庇護者（たいていは土地の貴族）に雇われ、その音楽生活を演出することを任務としていた。つまり、楽団を組織し、鍵盤楽器で伴奏しながら指揮していたのである。しかし、時代とともに専門化が進む。十九世紀から二十世紀への変わり目、グスタフ・マーラー（一八六〇〜一九一一）やリヒャルト・シュトラウス（一八六四〜一九四九）はまだ自作曲を演奏していた。しかし、それから一世紀が過ぎた今日、指揮者が作曲家であることは珍しい。いまや、オーケストラ指揮は学校で修得するのだ。ハンス・スワロフスキー（一八九九〜一九七五）は、彼自身著名な指揮者であるが、ウィーン音楽アカデミー（ウィーン国立音楽大学）で、二十世紀を代表する指揮者を何人も育てた。最後に付け加えれば、とりわけロマン派の時代にオーケストラの規模が大きくなったため、指揮者が伴奏するようなことはなくなった。指揮者は、演奏者たちから、オペラの場合は歌手からも、よく見えなければならない。指揮者専用の道具である指揮台や指揮棒も、指揮者が遠くからでもよく見えるようにするための工夫である。

オーケストラ指揮者は、多くの創造性が要求されるとともに、他者との交流の多い仕事である。私が指揮者になろうとしたのも、こうした二面性に心惹かれたからだ。ヴァイオリニスト、ピアノ・ソリスト、作曲家などの場合、他者との交流はもっと少ない。そのうえ、オペラの上演には、交響曲のコンサートよりも、はるかに多くの要素が加わる。演劇性、テキスト、背景、照明、そしてときには舞踊。こうしたさまざまな要素をうまく融合させなければならない。成功の理由はほとんど説明不可能である。誰もが常軌をはみ出した一瞬を感じ、ちょうどマラソンのラストスパートのように、実力以上の力が発揮される。逆に、重苦しく精彩を欠くこともある。全体のバランスが崩れてしまっているのだ。生のスペクタクルには、どうしても偶然が作用し、完璧ということはありえないが、オーケストラ指揮者はそのことに非常に敏感である。というのも、上演を最初から最後まで見守り続けるのは、ほとんど指揮者だけだからである。

ワグナーを指揮することは、おそらくは他に得がたい貴重な芸術的経験である。テキストにおいても、音楽においても、情念と知性が深く混じり合う。まるでサーフィンの名手のように、指揮者は音の波に滑らかに運ばれていく。『パルジファル』の指揮が終わると、深い幸福感と充実感に満たされる。

いつか私も作曲をやってみたいと思うかもしれない。しかしいまのところは、指揮者の仕事を生涯続けたいと思っている。この仕事はやればやるほど大きな喜びを感じる。

オーディション

パリ国立オペラのような劇場では、配役の選抜方法は何通りかある。よく知られた歌手の場合、オーディションは行なわない。しかし、歌手との連携を図るために、ワークショップを行なうこともある。それによって、歌手と指揮者の息が合っているか、歌手の演じる役にたいして両者が同じ考えを持っているかを見る。それに続いて、副次的な役を演ずる歌手を探す場合、またそれほど名が通っていない歌手の場合、オーディションを行なう。オーディションの場で歌手たちが歌うのを聴くのは、いつでもよい経験になる。たとえ応募者が、オーディションを受けに来た当の役柄に必ずしもマッチしないとしても、その声がほかの演目に合うのではないかと思われることも多々あるからだ。たいてい、応募者は二曲を歌う。自由曲と課題曲である。非常に特殊な役のための歌手を探している場合には、その登場人物のパート譜の一部だけを歌ってもらう。

私が審査員長を務めるときには、応募者たちにモーツァルトを歌ってもらうことが多い。モーツァルトはまさに試金石であり、ほんのわずかな弱点もすぐに分かってしまう。歌手が与えられた指摘にどう反応するかも、評価の大きなポイントになる。つまり、自己修正ができるかどうかということである。

たいていの場合、企画ディレクターもオーディションに立ち会う。ときには、演出家も招かれる。歌手の体格、所作、演技力なども、今日、ますます重要になっているからである。

音の個性

オーケストラを新たに発見するということは、いまなお、格別に心躍る冒険である。グローバル化とディスクの普及によって、どこのオーケストラも音が画一化してきたと言われることもあるが、オーケストラ指揮者である私は、それぞれの歌劇場が独自の個性を持ち、それぞれのオーケストラがほかでは聴けない独特な音を出すことを、日々、実感している。

私はバイロイトのオーケストラの深々とした重厚な音に惹かれる。ワグナーの音楽を心から愛する演奏家たちは、毎夏、あのユニークな造りのピットに喜んで入っていく。さらにまた、ウィーン・フィルハーモニー管弦楽団独特の、まさにウィーン的な音に触れるたびに、私は幸福な気分になる。ウィーン・フィルの奏でる音は、温かく、官能的で、やや甘く、輝きに満ち、しなやかで、ヴィブラートとグリッサンドに富んでいる。このオーケストラは、演奏中、日によって変わるヴァイオリン・ソロ（コンサート・マスター）ひとりひとりの個性にも敏感に反応し、その音色に合わせて、オーケストラの音色も微妙に変化する。指揮台のうえから、私はそのことをしばしば実感している。それとはまったく対照的なのが、ドイツのオーケストラのビロードのように滑らかで濃密な音色である。このかなり重々しい音のために、ドイツのオーケストラは、伝統的に指揮棒への反応が遅い。その点、フランスのオーケストラとも、北米のオーケストラとも、かなり違っている。

私は、フランス語圏オーケストラの象徴ともいうべき、輝かしい軽快さ、透明さに、格別の愛着を持っている。弦楽の演奏技術が優れているため、歌手たちは、弦楽の音量に対抗して声を張り上げることなく、自然に歌うことができる。とりわけ、木管楽器群は世界最高で、高度な技量と並外れた音の正確さを併せ持っている。イタリアのオーケストラは、フランスの伝統に近いとはいえ、より開放的で、ウィーンの音楽家たちを思い起こさせる官能的な音を奏でる。彼らのアタック〔出だし〕は明快で、しかも力強い。

要するに、それぞれの文化の違いの表われであり、それは個々の楽器の音色からもうかがえる。同じスタインウェイのピアノでも、ドイツ製はアメリカ製よりも奥深い音だが、華やかさには欠ける。じっさい、アメリカ製の鍵盤のほうが演奏しやすい。クラリネットで言えば、ドイツ製よりもフランス製のほうが滑らかである。

オーケストラの仕事の組み方もさまざまである。ウィーンでは、楽団の演奏家たちは、指揮者に演目をみずから提案し、指揮者と協力関係を維持しようとする。ところがアメリカでは、演奏家組合が練習時間を厳密に守るよう要求する。

指揮者として仕事をする際、私はオーケストラという〈生き物〉の個性に逆らうことなく、むしろ、それぞれの特異な音素材を生かし、それを「彫琢する」ことを心がけている。

オペレッタ

オペレッタは、一八五〇年代から一九五〇年代まで流行ったジャンルであり、オペラ・コミックと同様、歌と会話で構成される小規模なオペラである。ただし、オペラ・コミックでは、ジョルジュ・ビゼーの『カルメン』に見られるように、深刻なテーマを扱うこともあるのにたいして、オペレッタのほうは、風刺的ないし喜劇的な軽いテーマをもっぱら扱うのが特徴である。フランスでは、ジャック・オッフェンバック(一八一九〜一八八〇)がこのジャンルのもっとも有名な作曲家である。ドイツ語圏では、一八七四年、ヨハン・シュトラウス(一八二五〜一八九九)が『こうもり』を作曲している。ウィーン風に洗練されたオペレッタで、ワルツのリズムが特徴的である。それから三十年後にも、ウィーンのオペレッタ精神は健在で、なかでもフランツ・レハール(一八七〇〜一九四八)が『メリー・ウィドウ』を作曲している。

スペインでは、オペレッタに当たるのはサルスエラ〔バロック時代から続くスペイン独特のオペラ、スペイン語の台本で台詞が多い〕だろう。アングロ・サクソン圏、とりわけ米国では、オペレッタがミュージックホールの伝統と結びつき、ミュージカル・コメディというジャンルを生み出した。このジャンルは悲劇的テーマも扱っており、もっとも有名なミュージカル・コメディ作品のひとつである『ウエスト・サイド物語』は、一九五〇年代のニューヨークを舞台に、ロミオとジュリエットの物語を再現している。音楽はレナード・バーンスタイン（一九一八〜一九九〇）が作曲しているが、その作品の質の高さは、ミュージカル・コメディがけっしてマイナーなジャンルではないことを物語っている。とはいえ、ミュージカル・コメディ独特の上演方法が普通のオペラになじんだ観客を戸惑わせるのも事実である。まず、ミュージカル・コメディは通常のオペラの場合よりも小さな劇場で上演され、オーケストラも小規模なので、歌手たちの声が大きく聞こえてしまう。おまけにマイクを使うために、音が冷たく、電気的になってしまうが、その現代的性格にはふさわしいとも言えよう。最後に、ミュージカル・コメディを演ずる俳優たちは、歌、踊り、演技が同程度にこなせる総合芸術家でなければならない。

ドイツで私が仕事をする機会があったレパートリー劇場では、オペラに加えて、オペレッタやミュージカル・コメディを上演することもあった。こうした作品を指揮することは、私にとって楽しい経験だった。オペラの場合、実際に作曲された数千の作品のうち、現在でも数百がレパートリーとして残っている。同じように、本当に優れたオペレッタやミュージカル・コメディも、長い歳月を越えて、生き残っていくだろう。『こうもり』、『メリー・ウィドウ』、さらにはジャック・オッフェンバックのいくつかの作品は、いまなお、世界の主だった歌劇場で繰り返し上演されている。たとえば、一九九七年、リヨン歌劇場では、オッフェンバックの『地獄のオルフェ』を上演し、ナタリー・デセイがユリディスを歌った。同じ年、『メリー・ウィドウ』がパリ国立オペラのレパートリーに入っている。

『オルフェオ』

オペラが誕生したのは、十七世紀初頭のイタリアにおいてである。それ以外の時代、それ以外の国で、オペラが誕生するところを誰も想像できまい。

一五七六年のフィレンツェ、もっとも偉大な人文主義者たちがカメラータに集った。カメラータとは、知識人たちの団体であり、当時の美学的問題、とりわけ音楽の問題を熱心に議論した。その非具象性ゆえに、音楽は崇高なる芸術とされていたのである。カメラータ・フィオレンティーナのメンバーたちは、ポリフォニー優位の時代にあって、意味と情念を浮かび上がらせる洗練された旋律の必要性を強く主張した。しかし、芸術革命が具体化し始めたのは、こうしたサロンにおいてばかりではなかった。折しも、当時の劇場では、芝居の幕間に演奏される「間奏曲」の規模がしだいに大きくなっていたが、すでにかなり見世物的になっていたこの音楽出し物に、唯一欠けていたのは演劇的要素であった。

こうしたさまざまな研究や試行錯誤を踏まえて、一六〇〇年、作曲家ヤコポ・ペリは、『エウリュディケ』を作曲した。それはまったく新しいタイプの舞台芸術で、まだオペラ（*opera*）とは言わず音楽劇（*dramma per musica*）と呼ばれていたが、まさしくそれはオペラであった。フィレンツェでこの〈音楽劇〉が大成功を収めたことを羨んだマントヴァ公は、手をこまぬいてはいられず、モンテヴェルディに同じ神話を題材とした作品を注文した。作曲家は、一六〇七年、『オルフェオ』を世に問うた。だがこの小手調べは、まさに巨匠芸であり、オペラというジャンルの最初の傑作となった。モンテヴェルディは、数あるレパートリーのなかでももっとも偉大な作品だけに見られる音楽とドラマの絶妙のバランスを一挙に達成してしまったのである。前代未聞のメロディー感覚、劇的構成、雰囲気や背景を引き立てるオーケストラ効果、どれをとっても、四世紀を経た今日なお、最良のモデルであり続けている。言うまでもなく、『オルフェオ』の主人公オルフェウスは音楽の力を象徴する神話的人物である。モンテヴェルディが描いたこの人物は、時代を超えて、いまでも満場の聴衆を感動させる力を失っていない。

音楽祭

エクサン＝プロヴァンス、グラインドボーン、ザルツブルク、ヴェローナ……。音楽祭では、観客はいつもよりくつろぎ、開放的な気分になる。ザルツブルクでは、著名な政治家や財界人が姿を見せ、社交を楽しむほか、いつもは舞台でしか見られないスター歌手たちを観客席で見かけることも多い。オランジュ（フランス）やブレゲンツ（オーストリア）はもっと大衆的な音楽祭である。一方、バイロイトの観客はやや特殊なエリートたちである。そもそも、音楽祭という考えが生まれたのも、この孤立した要害の地においてであり、それにはワグナーの強い働きかけがあった。ワグナーはこの音楽祭を一種の巡礼として構想し、「序夜」、「第一日」、「第二日」……というふうにプログラムを組んだ。観客はもっぱらワグナーの作品に身を捧げるためにここを訪れるのである。一九二〇年に始まったザルツブルク音楽祭も、ほぼ同じような発想から生まれている。モーツァルトの生まれ故郷であるこの静かな地方都市は、宗教のみならず、音楽や演劇に関しても、長い伝統を誇っている。歌劇場が建てられたほか、コンサート会場にふさわしい建物もたくさんあった。ただし、ワグナー作品だけを上演することを目的としたバイロイトとは違って、ザルツブルクのプログラムは年ごとに変わる。このように、音楽祭では、オペラ作品を異なる条件、異なる場所で上演することが可能となる。たとえば、ジェラール・モルティエがザルツブルク音楽祭総監督就任中にやったように、むずかしい現代作品をあえて取り上げたり、偉大なレパートリー作品を世界最高の歌手とオーケストラを招いて上演したりする。エクサン＝プロヴァンスでは、伝統と革新のバランスがみごとに保たれている。たとえば、二〇一二年には、モーツァルトあるいはロッシーニ（一七九二〜一八六六）のオペラと並行して、ジョージ・ベンジャミン〔一九六〇年生まれ、イギリスの作曲家・指揮者〕の『刺青（*Written on Skin*）』を聴くことができた。

ほかに、歌劇場ごとに行なわれる音楽祭もあり、かなり短期間に豪華なプログラムが組まれる。一例をあげると、ダニエル・バレンボイムは一九九六年、ベルリン国立歌劇場で復活祭フェスティバルを立ち上げ、まずはワグナー作品を取り上げた。

音響効果

ホールの音響効果を生かすには、音楽（歌手と楽器演奏家たち）と空間的制約（ホール全体の規模、そして舞台床面および舞台裏の大きさ）との均衡を絶えず工夫しなければならない。いくつかの要素は不変である。高い声（たとえばテノール）は低い声（バリトン）よりもよく響く。しかしそれ以外の要素については、オーケストラ指揮者がそれぞれの状況に応じて調整しなければならない。今日、歌劇場は高さを調節できるオーケストラ・ピットを備えているから、よけいに指揮者の判断力に負うところが大きくなっている。初めてのホールの場合、私はピットの高さをいろいろ変えてみる。じっさい、わずか二十センチほどの違いで、音響はすっかり変わってしまう。またピット内においても、ピットの形状や演奏するレパートリーによって楽器全体の配置を変える必要がある。オペラ・バスティーユやニューヨークのメトロポリタン歌劇場ではオーケストラ・ピットが狭いので、弦楽器が指揮者のまわり、木管楽器が弦楽器の後ろで中央寄り、金管楽器が指揮者の左手に配置される。ピットが深い場合には、すべての弦楽器を左手に、すべての管楽器を右手に配置することもあるし、あるいはまた、管楽器を左手に、そして弦楽器を指揮者のまわりに配置することもある。まれなケースだが、第一ヴァイオリンが中央に配置されることもある。場合によっては、そのほうが第一ヴァイオリンの奏でるメロディーがきれいに響く。理由は異なるが、コントラバスを中央に配置したほうがよい場合もある。ウィーン国立歌劇場がそうで、コントラバスの重厚な低音がオーケストラ全体の響きを引き立てる。

しかし、ひとりの指揮者が——オペラ愛好家の場合もそうだろうが——その生涯において体験しうるもっとも際立った音響効果を生み出してくれるのは、バイロイト祝祭劇場のピットである。すべての楽器の音が指揮者に向かって立ち上がり、それからピットの天井に当たって〔客席から見えないように、ピットの上に庇《ひさし》が張り出している〕、舞台のほうに跳ね返る。ピットは響きが少ないので、非常にくっきりした音が出る。しかしつぎの瞬間、そのオーケストラの音が、歌手たちの声と混じって、木造のホール全体に広がり、複雑に反響する。その音の溶け合いはまさに独特である。

解釈

指揮者は、自分が指揮するオーケストラの前に立つときには、すでにスコアの劇的構成をすっかり頭に入れている。つまり、スコアがどのように構成されているかについて、自分なりの解釈をしっかり持っているということである。

ほとんどの場合、ひとつのオペラに取り掛かる前から、私はすでに何度もそれを聴いている。誰かの演奏を聴いて、あるパッセージの解釈に強く納得させられることがあるが、その場合は、私もそうした効果を再現したいという気になる。それが私の心に深く刻み込まれているからだ。そのような場合は別として、自分が最初に抱いた発想が最良のものだと私は思っている。というのも、それは、反省によってではなく、感動によって直接導き出されたものだからである。そんな直観が生まれると、私はすぐにそれをメモしておく。それが作品解釈の導きの糸になってくれる。こうしておけば、実際に作品を演奏する際に、最初に覚えた感動をふたたび無垢なままに蘇えらせ、それを聴衆に伝えることができる。しかし、そこに至るまでには、綿密な調査研究が必要であることは言うまでもない。和声の転換、楽器編成の特徴、劇的クライマックス、それらが何を意味するかを分析し、理解しなければならない。とりわけ、自分が問題を感じたページについては、繰り返し検討しないではいられない。どうしてそこに問題を感じるのかを注意深く見極めるとともに、自分が違和感を覚える音符をどう響かせればよいのかをじっくり考える。たとえば、モーツァルトのオペラ『コジ・ファン・トゥッテ』のフィナーレを理解するのに、私はかなりの時間がかかった。第一幕は、その完璧さで私を魅了する。しかし第二幕、とりわけフィナーレには、モーツァルトのインスピレーションというものがあまり感じられない。与えられた台本が気に入らず、いつもの創造意欲が湧かなかったのではないかと疑われるほどだ。そのことが、いつも私を当惑させる。ストーリーに立ち戻ることで、ようやくこのフィナーレの意味が分かってくる。要するに、登場人物たちの誰もが、この最後の場面で、自分が裏切られたと感じているのだ。彼らが歌う最後の六重唱は、虚しさと苦い思いに満ちている。ハ長調の調性からすれば、彼らは幸福なのだと私たちは思いたくなる。しかし、そこには数多くの沈黙の瞬間があって、幸福は不可能であることを暗示している。この沈黙をうまく音楽で表現しなければならない。この沈黙が深淵を垣間見せるのだ。モーツァルトの世界では、こうした暗い側面はめったに見られないことではあるが……。

歌手

バロック時代、歌手たちがオペラ界に君臨していた有様は、今日では想像もつかないほどである。一六三七年、ヴェネチアでフェラーリの『アンドロメダ』が上演されたが、それは、これまで宮廷貴族の特権であったオペラの最初の一般公演であった。オペラの興業はそれなりの観客がいなければ採算がとれない。そこで、歌手たちが集客の手段となり、観客は、作曲家——たとえヴィヴァルディやヘンデルのような天才であっても——の新作を見るためというよりも、有名な歌手を見るために、劇場にやって来た。十八世紀は、カストラート〔少年期の声を保つために去勢した男性歌手〕——その多くはイタリア南部出身である——の全盛時代であった。国際的スターも誕生し、ファリネッリ（一七〇五～一七八二）などはヨーロッパ中の大宮廷で引っ張りだこだった。また十八世紀には、最初のディーヴァたちが出現した。作曲家たちは、プリマ・ドンナやプリモ・ウオモ〔男性主役歌手〕がその妙技や個性を発揮できるようなアリアを書くことを求められた。けれどもしだいに、オペラの作曲に歌手が影響を及ぼすことは少なくなってきた。それは、オーケストラ言語の発展に伴い、作曲家がすべての決定権を握るようになったからである。

しかし、どんなタイプのオペラであれ、毎夕、歌手たちは観客に自分の生身をさらす。彼ら、彼女たちは、自分の役にみずからの人格と情念のすべてを注ぎ込む。観客は気むずかしく、一音一音完璧に歌うことを要求する。こんなふうに、歌手は楽器演奏家以上に人目にさらされ、注目される。ピアノの調子が悪ければ、調律師を呼ぶし、ヴァイオリンの音が悪ければ、弦楽器職人に来てもらう。歌手の楽器は自分自身であり、それだけに壊れやすく不安定であり、それゆえまた、オーケストラ指揮者や演出家ばかりか、衣装係や小道具係までが、歌手の仕事に細心の気配りをする。偉大なソプラノであったビルギット・ニルソン（一九一八～二〇〇五）はオペラ歌手の感受性を小鳥のそれに譬えている。歌手もまた、不幸なときには歌えないのだ。

歌手団（アンサンブル）

歌手団〔フランスではtroupe、ドイツではEnsembleと呼ばれる〕はレパートリー劇場の伝統と結びついている。パリ・オペラ座では、一九八〇年に歌手団が廃止された。総裁ロルフ・リーバーマンがオペラ座を〈セミ・スタジオーネ〉の形態に変えたためである。この〈セミ・スタジオーネ〉モデルは、ドイツの伝統的な歌劇場の主流からは外れる。それらの劇場の最大の特徴は専属歌手団を持っていることである（とはいえ、場合によっては、集客力のある国際的スターを招くこともある）。

歌手団の利点は、その歌劇場のレパートリーに入っている数多くの作品のなかから演目をその都度選び、しかもそれを短いあいだにつぎつぎと変えていくことができるというところにある。歌手団に属する歌手たちの数は二十人から四十人くらい、年間を通じて常勤で、月給を受け取っている。彼らは、ある晩、『フィガロの結婚』を歌ったかと思うと、その翌晩は『トラヴィアータ』を歌う。歌手たちはそれぞれの役をよく知っているから、練習時間が少なくとも支障はない。歌手団は家族のようなもので、観客にはそれぞれひいきの歌手がいて、その歌手たちが成長していくのを温かく見守っている。たとえば、ソプラノの場合、最初はモーツァルトの若いヒロインを演じ、成熟していくにつれて、ピョートル・イリイチ・チャイコフスキー（一八四〇～一八九三）の『エフゲニイ・オネーギン』のタチヤーナやビゼーの『カルメン』のミカエラなどを演ずる。歌手団というシステムの弱点は、歌手に限りがあるので、配役が思うにまかせないということ、また歌手のなかには、声が衰えても、依然としてとどまり続ける場合があるといったことである。

私は、こうした地方歌劇場のいくつか――ウルム、エッセン、グラーツなど――で仕事をする機会を得たが、とてもよい経験になったと思っている。こうした小さな劇場では、オペラのほか、普通の芝居、それにミュージカル・コメディなども上演されるが、それだけに、楽器演奏者、歌手、俳優が互いに打ち解け、和気あいあいとして仕事に励んでいる。こうした地方歌劇場を存続させることは、きわめて重要である。大都市以外に居住する人々にとって、貴重な文化的拠点となっていることはもちろんだが、若い歌手、歌唱コーチ、オーケストラ指揮者にとっては、経験を積み、技を磨くためのかけがえのない場にもなっている。これらの地方歌劇場が、やがて国際的なオペラ界で活躍するための最初の重要なステップとなっているのだ。

歌唱コーチ

オペラの上演に向けて稽古を積み上げていくすべての段階において、歌唱コーチは、歌手たちのこのうえない相談相手となり、まずはスコアを十分理解し、登場人物の心理を解明し、さらには技術的な問題を解決できるよう、彼らを手助けする。歌唱コーチはまた、歌手たちに正しい発音を教えることもあり、その点では、言語指導員の仕事にも近い。歌唱コーチは、演出家とも、そしてとりわけオーケストラ指揮者とも、信頼関係を築きながら、仕事をしなければならない、稽古に入る前に、歌唱コーチはオーケストラ指揮者とともに、作品のあらゆる解釈の可能性を探ってみる。歌とオーケストラを合わせる稽古では、歌唱コーチは全曲にわたるテンポの取り方とオーケストラ指揮者の指示をすべて記録しておく。だからこそ、オーケストラ抜きの舞台稽古でピアノ伴奏を行なう際にも、歌手たちを適切に指導することができるのだ。その後、オーケストラを伴う舞台稽古では、オーケストラ指揮者が楽器演奏家たちの指導にかかりっきりになるので、歌唱コーチは歌手たちの指導に専念する。

歌唱コーチはそれ以外の役割を担うこともある。規模の小さい歌劇場では、必要に応じて、オーケストラに加わり、鍵盤楽器の演奏を務める。チェンバロ、チェレスタ、さらにジャコモ・プッチーニ（一八五八〜一九二四）の『トスカ』やワグナーの『ニュルンベルクのマイスタージンガー』ではオルガンを弾く。ドイツのいくつかの歌劇場では、歌唱コーチがカペルマイスター（楽長）やオーケストラ指揮者を兼ねることとさえある。じっさい、歌唱コーチは、歌手たちとの練習でも、優れて多声的な楽器であるピアノで全曲を演奏しているし、スコアの全体像を把握しているので、すべての楽器をたやすく指揮できるのである。さらに歌唱コーチは、プロンプターの仕事をすることもあるし、聴衆に物語の筋を理解してもらうための字幕を流す操作室に座っていることさえあるのだ。

このように多様な仕事をこなす職なので、オペラのオーケストラ指揮者になるうえでも、しばらく歌唱コーチを務めるのはとても有益だと私は思う。

合唱

ヴェルディの『ナブッコ』を聴いて、失われた祖国を嘆く奴隷たちの合唱に心打たれない者はいないだろう。オーストリアの支配を脱し、独立を勝ち得ようとするイタリアのパルチザンたちは、その有名な合唱「行け、わが思いよ」を、たちまち自分たちの歌にしてしまった。

十九世紀に入って、合唱の役割は変わった。たとえばバロック・オペラで行なっていたように、物語の筋を語るだけではもはやない。『ナブッコ』やモデスト・ムソルグスキーの『ボリス・ゴドゥノフ』では、合唱はまさしく登場人物のひとりである。かくして歌劇場では、合唱団がますます重要になった。パリ・オペラ座の合唱団には百十二人の専属団員がいる。二〇一一年のシーズン中、合唱団は、上演された十九のオペラのうち、十七の演目に出演し、さらにコンサートでも歌っている。合唱団を構成する歌手たちは、単なる合唱団員ではない。他の配役と同じく、舞台でドラマを演ずる歌手なのであり、「合唱芸術家」という肩書きを持っているのだ。合唱コーチの指導のもとで、彼らは、同じ作品に携わるほかのメンバーよりも、かなり早くから稽古に入る。たとえば、新制作で二〇一二年十二月に上演された『カルメン』の場合、合唱団は九月から練習に入っている。合唱団の歌手たちは、自宅で個人的にスコアを研究するようなことはない。最初こそ、男声と女声のグループに分かれることはあっても、スコアの解読の段階から、つねにグループで練習する。というのも、合唱コーチを中心に全体で練習しなければ、一糸乱れぬ合唱はとうてい望めないからだ。そうした練習を積んだあと、今度はオーケストラ指揮者が、自分の作品像や解釈法を合唱団に伝える。オーケストラ指揮者は、定期的に合唱コーチと作品の見方について意見交換する。公演が始まると、合唱コーチはオーケストラ指揮者の右腕となって働く。たとえば、オーケストラ指揮者が合唱団から見づらい場合、合唱コーチはオーケストラ指揮者の動作をモニターで見ながら舞台裏で再現し、合唱団に伝える。とりわけバイロイトでは、合唱コーチの役割はきわめて重要である。じっさい、いくつかの作品では、数人のアシスタントの助けを借りながら、ときにはフォルテッシモで歌う百人から百二十人の大合唱を指揮し、統率しなければならないのだ。

カメラ

オペラ上演中、オーケストラ指揮者はいわゆる「指揮者用カメラ」でずっと撮影され続ける。

じっさい指揮者は、オペラ上演に携わるすべての者——歌手から舞台監督まで——にとって、もっとも重要な指標である。とはいえ、たとえば、もっとも美しい愛の感情が表現される二重唱の場合、歌手たちは、絶えず指揮者のほうを向いて、彼の身ぶりを注視しているわけにはいかない。舞台が広く、指揮者が遠い場合はなおさらのことである。そのため、舞台の袖にモニター画面が設置され、歌手たちから指揮者の動作がいつでも見えるようになっている。また音楽そのものが舞台上あるいは舞台裏で演奏されることもあり、その場合、歌唱コーチあるいは合唱コーチが舞台の袖から指揮棒を振るが、彼らもまた、スクリーンに映し出されたオーケストラ指揮者の動きに合わせるのである。指揮に集中していると、たいていの場合、私はカメラで撮影されていることを忘れてしまう。

こうした映像の転送に加えて、音の転送も必要なこともある。たとえば、レチタティーヴォの伴奏のためにオーケストラ・ピットでチェンバロを演奏する場合、舞台上では聴き取りにくい。そのため、舞台の袖にもスピーカーを置いて、歌手たちがオーケストラの演奏をはっきり聴き取れるようにしている。もちろん、こうした装置が使われるようになったのは最近のことである。昔のオペラでは、劇場の規模がもっとコンパクトだったために、音が聞こえないとか指揮者が見えないとかいうことはあまりなかった。それでも指揮者が見えないこともあり、そこでカメラのかわりに舞台裏でいろいろ細工——たとえばカーテンに穴を開けるとか——をする必要があった。

ガラ

歌劇場の行事計画のなかで、ガラは一日限りの音楽祭という位置づけになるだろう。それは祭典の夕べである。チケットは高価になり、多くのメセナ関係者たちが顔を見せる。舞台上でも、豪華な顔ぶれが登場する。有名歌手たちを招待する場合、彼らが何を歌いたいか聞きながら、それに応じて柔軟なプログラムを組む。

いずれの場合でも、めったにない特別な公演という印象を与えるような工夫が凝らされる。慈善を目的とするガラもあれば、劇場自体の収益を目的とするガラもある。

私たちパリ国立オペラでは、パリ国立オペラ賛助協会（AROP）が、年に数回ガラを企画し、シーズンの新しい出し物を特別料金で鑑賞してもらうことにしている。協会員は、幕間のカクテルパーティーに招待されるほか、公演後に劇場ホワイエで行なわれる夕食会で、出演歌手たちとの交流を楽しむこともできる。

感動

オペラの筋立てには、定石ともいうべきものがある。レパートリー作品のほとんどはかなわぬ恋を語り、悲劇の場合であれば、主人公の死によって終わる。一八七一年、ロシア帝室劇場にモデスト・ムソルグスキーが提出した『ボリス・ゴドゥノフ』の初版が却下されたのも、長年続いたこの慣習のせいだろう。というのも、帝室劇場理事会は、却下の理由として、このオペラには恋の物語が欠けていると言ったのである。しかし、オペラを聴くときは、筋立てを追うばかりでなく、その周辺で何が起きているかということにも十分注意を払う必要がある。たとえば、『ドン・カルロ』は、単なる恋愛物語であることを超えて、何よりもまず、権力についての省察を主題としたオペラなのである。じっさい、権力を行使することで生まれる責任、宗教と国家のあいだの対立といったテーマが、苦悩に満ちた感情を味わう人物たちの複雑な人間像を通して、具体的に表現されている。ドン・カルロが義母に抱く不可能な愛、ポーザ侯爵との友情の絆……。観衆を圧倒するのは、まさに彼らの苦悩の大きさなのである。ヴェルディはドイツの作家フリードリヒ・フォン・シラー（一七五九〜一八〇五）の戯曲〔詩劇『スペインの王子ドン・カルロス』（一七八七）〕に想を得たのだが、この戯曲において作者が提示している問題は、一見すると、かなり抽象的に思われたかもしれない。ところがオペラでは、こうした政治的な次元がすぐにも具体的な形で見えてくる。

たいていの場合、オペラの偉大な作品は、物語の単なる要約には収まりきれない重要な問題を提起している。モーツァルトは、『後宮からの誘拐』において、〈ジングシュピール〉——軽い主題を持つドイツ語オペラ——に普通見られるよりはるかに高次元の内容を筋立てに織り込んでいる。じっさい、西洋と東洋の対立、赦すことの大切さといった主題は、現代の観客にも深い共感を呼び起こす。

オペラは筋立てが単純すぎると言われることも少なくない。しかし、歌の力から生まれる情念が、筋立てが語っているよりもはるかに複雑な主題に生きた内実を与える。そもそも、こうした情念こそ、観客の鑑賞力をも養い育てる唯一の媒体なのだ。

技術者

パリ国立オペラばかりでなく、他の歌劇場でも、二種類の技術者たちが、並行して仕事をしている。一方には、指物師、金具職人、仕立て職人、帽子デザイナー、靴職人がいる。彼らは、月曜から金曜まで、通常の勤務時間に従って働いている。舞台装置や衣装を制作し、上演に必要な小道具類を調達するのもこれらの技術者たちである。彼らはいつも工房にいる。

他方、舞台上で働く技術者たちもいる。演目の練習や上演に合わせて働くので、勤務時間は、午前、午後、夜と、まちまちである。彼らは、舞台の進行が滞りなく行なわれるよう、舞台装置を変えたり、歌手が衣装を着替えるのを手伝ったり、小道具を準備したりする。電気技師たちは、照明がうまく作動しているかを監視する。視聴覚技師たちは、視聴覚システムが正常に機能していることを絶えず確認する。とりわけ指揮者用カメラは、舞台裏や楽屋からもオーケストラの指揮がいつでも見られるよう、つねに指揮者を撮影していなければならない。舞台音楽すなわちバンダ（ピットではなく、舞台裏で演奏される音楽）は、スピーカーを用いて、音量を上げたほうがよい場合もある。舞台は広く、オペラの上演にはいつも多くの人手を必要とするから、技術者たちはそれぞれの監督者の責任のもとで仕事に励んでいる。

客員芸術家

歌劇場の客員芸術家とは、ある特定の演目のために、単発で契約を結んだ歌手のことである。パリ・オペラ座では、ほとんどすべての配役を彼らが演じる。したがって、シーズンに上演されるそれぞれのオペラごとに——初演、新制作、再演を問わず——新たに歌手を選ぶことになる。とはいえ、役によっては、数か月の予定でバスティーユに来ている歌手たちが演じることもある。これらの若い歌手たちは、アトリエ・リリックの出身である。アトリエ・リリックとは若手の養成コースのことで、コンクールで選ばれた若者たちに、一シーズンのあいだ、パリ・オペラ座で技を磨く機会を与えている。しかし歌劇場によっては、とりわけドイツに多いが、専属歌手団（アンサンブル）をかかえているところもある。その場合、年間を通じてその劇場で働いている歌手たちがすべての役を演じることになる。

客員芸術家を選ぶため、総監督や企画ディレクターは世界各地に出張して、エージェントに会い、どの歌手なら交渉可能かを教えてもらう。国際的なオペラ舞台では、いつどこで、どの歌手がどういう役を演じているか、すべて把握されている。たとえば、アメリカが誇る名ソプラノ、ルネ・フレミングは、数年来、リヒャルト・シュトラウスのレパートリーに取り組んでいることが分かっていた。

私たちは、バスティーユの舞台に出演してもらうよう、彼女を招きたいとかねがね願っていた。彼女と私とのあいだで『アラベラ』に出演してもらうことで話がまとまり、二〇一二年六月に、パリで上演された。彼女はすでにこの役を歌っていたのだが、今回は新制作だった。彼女のような偉大な歌手に舞台に立ってもらうことは、舞台の質を高めるとともに、プログラムに箔をつけ、ひいては劇場の名誉ともなる。

キャリア

歌手のキャリアの積み方はかなり特殊である。歌手の声は身体的能力に多く依存しているからだ。楽器演奏者にくらべても、楽壇への登場は遅い。たいてい二十歳頃に歌い始めるが、声は一生を通して変化する。何らかの身体的変化、たとえば出産などによって、声は変わる。

デビュー時の歌手たちは、たいてい、〈リリコ〉的な声、つまり比較的しなやかな声を持っている。仮に若い歌手が、潜在的には〈ドラマティコ〉の声、つまり軽快さよりも力強さを感じさせる声を持っていたとしても、キャリアの最初に演じるのは、そのようなタイプの役ではなく、むしろ、モーツァルトや古典的なオペラでデビューするのが普通である。歌手の理想とは、そうした古典的レパートリーを一生歌い続けることだろう。モーツァルトを歌い続けることで、歌手は揺るぎないテクニックを維持することができる。それがすべての基礎である（楽器演奏者にとっても、同じことが言えるだろうが）。

声が成熟期に達すると、どんなタイプの作品に適しているか、はっきり分かってくる。モーツァルトやロッシーニか、あるいは〈ドラマティコ〉のヴェルディか、〈スピント〉〔力強い声〕のヴェルディか。さらにはドイツ系のレパートリー、つまりはシュトラウスやワグナーか。ワグナーを歌うには、かなりの経験が必要である。しっかりした歌唱法を身につけていない歌手の場合、自分の声をつぶしてしまうこともある。

どんなタイプのレパートリーを多く歌ったかによって、声も変わってくる。たとえば、ワグナーを多く歌ったあとで、モーツァルトに戻ると、そのことがすぐに分かる。つまり、声量とヴィブラートがずっと豊かになっているのだ。

歌うことは身体的にも大きな負担がかかるので、歌手は、たいていの場合、六十歳前後でキャリアを終えることになる。いつキャリアを終えるかは、当人の歌唱技術の高さによっても、また歌う役柄によっても、大きく変わってくる。また、オペラからは引退しても、リサイタルやコンサートで歌い続ける歌手は少なくない。

もちろん、以上述べたことは、あくまで一般論であって、キャリアの典型というものは存在しない。イタリアのソプラノ歌手、ミレッラ・フレーニ（一九三五年生まれ）は、六十代を超えても、若々しくチャーミングな声で、聴衆を魅了し続けた。また、何でもこなしてしまう歌手たちもいる。プラシド・ドミンゴ（一九四一年生まれ）はイタリア・オペラで大いに活躍したが、年齢を重ねるにつれて、ヘンデルの『タメルラーノ』のようなバロック作品をレパートリーに加え、ワグナーのオペラ数作にも出演している。

共同制作

オペラの歴史において、共同制作はごく最近の現象であり、経済的理由が大きい。オペラの演出法が変わることによって、費用がかさむようになった。たとえば舞台に関して、昔は書き割りですましていたところを、いまでは立体の舞台装置を使う。二、三の歌劇場でひとつのオペラの制作費用を分担することが、しだいに多くなっている。ひとつの作品をそれら複数の劇場で上演することになるが、配役や指揮者を変えることは自由である。しかし、ひとりのオーケストラ指揮者、あるいは配役の花形のひとりが、共同制作の契約を結んでいる場合もある。レオシュ・ヤナーチェク（一八五四〜一九二八）のオペラ『カーチャ・カバノヴァー』をクリストフ・マルタ―ラーが一九九八年に演出したときは、ザルツブルク音楽祭、ブリュッセルのベルギー王立歌劇場、トゥールーズ・キャピトル劇場の共同制作だった。この公演は三つの劇場で行なわれたが、いずれもシルヴァン・カンブルランの指揮だった。同様に、ドニゼッティ（一八一一〜一八八〇）の『連隊の娘』は、パリ・オペラ座、ロンドンの英国ロイヤルオペラ、ウィーン国立歌劇場、ニューヨーク・メトロポリタン歌劇場との共同制作で、企画当初から、演出家にはローラン・ペリ、ソプラノにはナタリー・デセイ、テノールにはファン・ディエゴ・フローレスという豪華な顔ぶれが予定されていた。

共同制作が増えれば、世界中の主だった歌劇場の演目が、画一化されてしまう恐れがある。それはまた、誰もが冒険しなくなるということでもある。たとえば、総監督がひとりではなく、ふたりいて、演出家の芸術的提案にたいし、それぞれに意見を述べるとする。そうすると、演出家はふたりの総監督を同時に満足させようとして、妥協的などっちつかずの演出を提案してしまうかもしれない。とはいえ、共同制作が思いがけず幸いすることもある。『フィガロの結婚』をジョルジョ・ストレーレルが演出したときにパリで使った舞台装置は、すでに二〇〇三年に取り壊してしまっていた。パリ国立オペラで、二〇一〇年、この神話となった舞台を再現することができたのは、幸いにも、ミラノ・スカラ座に無傷のまま残されていた舞台装置を借りることができたからである。

経済

オペラという生きたスペクタクルを制作するには経済的制約がある。オペラの企画に携わる人間は、そのことをよく知っていなければならない。じっさい、オペラを仕上げていくには、毎日、一定数の人々の仕事が必要とされる。たとえば、ヴェルディの『アイーダ』の上演には、毎回、合唱団の参加が欠かせない。ところが、このように一時に多くの人が動員される割には、観客数は限られている。

オペラ・バスティーユの客席数は約二七〇〇、つまり、一度の上演を鑑賞できるのは二七〇〇人しかいないのだ。もちろん、公演を録画して、さらに多くの観客に見てもらうこともできるが、やはり生の上演と同じような感動を味わってもらうことは不可能である。映画なら、採算がとれるよう、映写用フィルムを大量にプリントすることが企画にあらかじめ織り込まれているが、オペラはそういうわけにはいかず、当然ながら、赤字になる。オペラをエリートの独占物にしたくなければ、一般の人でも手の届く料金の席も維持しなければならない。それゆえ、パリ国立オペラでも、政治的支援を受け、補助金で赤字を埋めているのが現状である。だが、私たちとしても、財政的均衡を図る努力をする必要があることは言うまでもない。オペラ・バスティーユでは、きわめて高度な技術的手段を駆使するとともに、舞台装置を保管するための十分なスペースがあるので、再演（費用が少なくてすむ）と新制作（レパートリーを刷新できる）を、交互に行なうことが可能である。このやり方は、目下のところ、かなりうまく行っている。二〇一一年、パリ・オペラ座では一七三のオペラ公演が行なわれたが、十九の演目のうち、八作が新制作である。さらに、バレエ、コンサート、リサイタルを加えると、約八十万人の観客がオペラ座に足を運んだことになる。

劇場建設

歌劇場を建設することは、その都市にとって一大事業である。普通「オペラ座」と呼ばれるガルニエ宮は、皇帝ナポレオン三世の命により、セーヌ県知事オスマンが推し進めたパリ大改造計画を記念する建物であった。この劇場は、首都西部の市街整備の精華と言ってもよく、前方にまっすぐ延びるオペラ大通りからの眺めは、じつに壮麗だった。しかし一八七〇年、皇帝はプロイセン軍の捕虜となり、それから数か月して、フランスは戦争に負けた。するとこの記念建造物は、皇帝権力の象徴という意味合いを失い、プロイセンに復讐すべく力を誇示するフランス共和国のシンボルとなった。

ガルニエ宮は、ヨーロッパの主要都市において、オペラが最高の娯楽であった時代をしのばせる。つぎの世紀になると、オペラは他のさまざまな文化的娯楽との競争にさらされることになるが、歌劇場の栄光が衰えることはなかった。歌劇場を建設することによって、歴史的難局を乗り越えることができた都市も少なくない。第二次世界大戦中、爆撃で破壊されたウィーン国立歌劇場は、一九五五年、ようやく再開した。それから六年後の一九六一年には、西ベルリン・ドイツ・オペラが、戦前、市立歌劇場があった場所に、まったく新しく再建された。

歌劇場を建てることは、その都市の文化的栄光を高めることでもある。一九七三年に完成したシドニー・オペラハウスは、まさにこの町のシンボルとなった。その独特の建築は、ある者には船の帆を想い起こさせ、別の者には開いた貝を思わせる。ともあれこの建物は、周囲の海景をいっそう引き立てている。ところが、内部は大規模な舞台仕掛けを使うオペラの上演には不向きである。このように、建物の見映えにこだわるあまり、歌劇場としての第一の使命、つまりオペラを上演しやすい舞台を提供するという使命をないがしろにしてしまう場合もある。

言語

『トリスタンとイゾルデ』には、Lustというドイツ語が繰り返し出てくる。この語は「意欲」と「快楽」を同時に意味するが、さらに「欲望」も意味する。語の真ん中の母音を伸ばして発音するか、短く発音するか、さらには最後の子音を響かせるかによって、演劇上の意味作用も変わってくる。こうした発音の違いが、登場人物の心理や登場人物が露わにする感情に、微妙な意味合いを与える。明確な演技的意図のもとに、言葉を正確に発音するなら、歌手の声はとたんによく響く。イタリア語は、開母音を基礎とする明快な言語である。それゆえ私は、ヴェルディの『運命の力』の序曲で、金管楽器に明るく単刀直入なアタックを求める。しかし、鼻母音が多いフランス語のオペラを演奏する場合、あるいは子音の数が多く一語一語を明確に発音することがむずかしいドイツ語のオペラを演奏する場合、私のアプローチはおのずから違ってくるだろう。ロシアのレパートリー作品を指揮することに私が慎重なのは、やはり言語の壁があるからである。残念ながら、私はロシア語ができないので、どうしてもそれがハンディキャップになる。ともあれ私は、多くの時間を費やして、歌手たちと歌詞の発音練習を重ねる。今日、歌手たちによい言語指導員を付けることがますます重要になっている。現代の大歌手たちは、オペラを台本の原語で歌うのが普通だからである。しかし、昔からずっとそうだったというわけではない。十八世紀半ばから一九五〇年代までは、オペラは、聴衆のために、上演される土地の言語に翻訳され、歌われるのが習わしだった。ワグナーの四部作が一九〇四年にパリで上演された際、フランス語版が用いられたのも、そうした事情からである。この慣習は、今日、ほとんどの歌劇場で見られなくなっている。とはいえ、この慣習にはひとつの利点もあった。つまり、歌手たちは、誰が聴いてもはっきり分かるよう、正しい発声法をマスターしなければならなかったということである。現在では、大きな歌劇場ならどこでも字幕装置があるので、歌手たちは観客にとって分かりやすい発音を心がけることが少なくなっている。こうした安易な傾向には歯止めをかける必要があるだろう。

言語指導員

十八世紀の半ばから二十世紀の半ばにかけて、台本の原語は尊重されず、レパートリーに入ったオペラはすぐに翻訳された。歌手たちは自分の母国語で歌うのが普通になり、発音上の苦労はそれだけ減った。しかし、一九五〇～六〇年代に入ると、とりわけオーケストラ指揮者ヘルベルト・フォン・カラヤン（一九〇八～一九八九）の強い働きかけがあり、またディスクが普及したこともあって、オペラの上演に台本の原語版がふたたび使われるようになった。そのうえ、原語で歌う場合に観客がその内容を理解できるよう、歌劇場に字幕装置が徐々に導入された。ただし、字幕が普及したために、歌手たちの発音の質が落ちるという弊害もあった。歌手たちは自分の歌の内容を分かってもらえると思っているから、正しく発音するための努力を怠るようになったのである。ディスクの普及も、オペラの聴き方に変化をもたらした。歌手たちは、複数の音符を連続したひとつのフレーズで歌う〈レガート〉を多用するようになり、その結果、母音同士の違いがはっきりしなくなる傾向が出てきた。子音も混ざり合って聞こえる。歌われる意味内容が、歌の美しさの犠牲になっていることが少なくない。

歌うときに言葉をはっきり発音するのは、けっして容易なことではない。とはいえ、オペラもまた演劇なのである。だから私は、練習中にも、この点について、歌手たちに厳しく注意することにしている。しかし、歌手たちの発音上の誤りを直すことを専門にしているのは、言語指導員たちである。彼らは「言語コーチ」とも呼ばれている。それぞれの歌劇場にひとり、ないし複数の言語指導員がいるが、複数の場合は、それぞれ、ドイツ語、フランス語、イタリア語、ロシア語、チェコ語など、特定の言語を専門にしている。その仕事は、ときに発音矯正士のそれに近く、発音を改善するために、技術的な助言をする。言語とのかかわりは非常に内面的なので、言語指導員は、歌手たちの発音を矯正する場合にも、彼らの感情を傷つけないよう、心理カウンセラーのように対応しなければならない。最後に付け加えれば、言語指導員に絶対必要なのは、音楽的感性である。

建築家

オペラ・ホール建設に携わった建築家たちは、多くの制約と格闘しなければならなかった。まず、オペラは膨大な財政投資を要するから、ホールは採算がとれるだけの客席を備える必要がある。しかしまた、オペラ上演に不可欠の舞台装置や機材を置くスペースも確保しなければならない。最後にもうひとつ重要な要素が加わる。音響効果である。過去数世紀にわたって、多くの理論家がこの問題に取り組んできたが、十九世紀に入ってようやく、科学的方法が導入された。

オペラ・ホールを設計する建築家は、同様にまた、この特別な空間が持つ夢想的要素も考慮しなければならない。音楽、詩、背景、衣装などが混然一体となるオペラの上演では、日常の世界が消え去る。劇場に到着し、ホールに入るだけで、観客が夢幻の世界に誘われるようでなければならない。シャルル・ガルニエ（一八二五〜一八九八）は、この考えを徹底した。彼が設計したオペラ座が一八七五年に落成して数か月のあいだ、観客は、舞台上のスペクタクルを見るためというよりも、ホールそのものを眺めるためにやって来たと言われている。[1] バイロイト祝祭劇場は、オペラ座と同時代に建てられたが、まったく違った発想に基づいている。建築家オットー・ブリュックヴァルト（一八四一〜一九〇四）は作曲家リヒャルト・ワグナーの構想に忠実に従っている。舞台上で上演されるスペクタクルだけが重要なのだ。観客は町を離れ、丘を登って、ようやく祝祭劇場にたどり着く。ワグナーのオペラは一種の観客の注意をそらさないよう、建築装飾はいっさいほどこされていない。

儀式であり、相当な精神集中力を要求する。

オペラの上演を引き立たせる宝石箱のような建物こそが、オペラ・ホールとしてもっともふさわしいと言えよう。今日でも、それは変わらない。フランス人建築家ポール・アンドルーが設計し、二〇〇八年にオープンした中国国家大劇院（名称にもかかわらず、れっきとしたオペラ・ホールである）は水に浮かんだ卵のようだ。

（1）Gérard Fontaine, *Le Grand Théâtre national de Pékin*, Agnès Viénot Éditions, 2003, p.23 より。

工房

オペラを上演するには、舞台装置、衣装、小道具なども揃えなければならない。それらの制作を外注にせず、相変わらず自前でやっている歌劇場も少なくない。パリ国立オペラがそうであり、またロンドンの英国ロイヤルオペラ、ミラノ・スカラ座、ベルリン国立歌劇場も同様である。

歌劇場内に工房があると、作業がずいぶん楽になるし、オペラ制作にかかわる異なった部門間の連携も容易になる。さらにまた、かなり特殊な専門知識を高めながら次の世代に伝えていくことも可能になる。

一八八九年のオペラ・バスティーユ開設まで、どの工房もパリの北にあった。その後は、バスティーュ本館の延長部分の地下六層に分かれて、各工房が置かれている。工房は六つ（かつら、木工、縫製、化粧、彫刻、タピスリー）あるが、舞台装置が作られ、組み立てられるのも、衣装が裁断されるのも、小道具が作られるのも、すべてここである。公演が終わると、その一式がコンテナで保管される。バスティーユとガルニエ、それぞれの劇場で、四つの工房が登場人物の衣装にかかわる仕事を分担している。もちろん、バスティーユの工房はオペラ用の衣装を、ガルニエの工房はバレエ用の衣装を、それぞれ担当する。これらの工房で働く男女の職員は、いずれも優れた技量の持ち主である。

声

歌手の声の特徴に関しては、さまざまな説明の仕方がある。まずは、その歌手のテシトゥーラ、つまり歌唱可能な声域について。男声では、音域の低いほうから高い順に、バス、バス・バリトン、バリトン、テノール。女声の場合は、アルト（コントラルトとも呼ばれる）、メゾ・ソプラノ、ソプラノ。このカテゴリーはさらに、いくつのタイプに分かれるが、それはいくぶん声量とも関係している。〈コロラトゥーラ〉は、超高音域で華麗な妙技を披歴する。〈レッジェーロ〉は、高音域を軽快に歌い、ヴォカリーズ（母音唱法）にも適している。〈リリコ〉はさほど軽やかではないが、情熱的で優美な響きを持つ。たとえば、『フィガロの結婚』のスザンナと伯爵夫人は、ともにソプラノである。しかし、若い小間使いであるスザンナは、敏捷さが要求され、それに応じて声も軽くなければならない。一方、伯爵夫人は、既婚婦人であり、しかも上流階級に属している。〈レッジェーロ〉と〈リリコ〉のカテゴリーに加えて、〈ドラマティコ〉がある。〈ドラマティコ〉というと、ただちに思い浮かぶのは、朗々としたオーケストラの響きと張り合って、力強く歌う役柄であり、ワグナーやリヒャルト・シュトラウスのオペラの登場人物がそれに当てはまる。もちろん、こうした一般定義をはみ出してしまう役柄も少なくない。『トラヴィアータ』のヴィオレッタはソプラノ・リリコだが、有名なアリア「いつも自由でいなければ（花から花へ）」ではソプラノ・コロラトゥーラの妙技が要求される。しかしヴェルディは、この人物を血も涙もある生身の人間にしたかったのであって、その浮ついた軽やかさは見かけにすぎない。それゆえ、この役は、声からしても、〈ドラマティコ〉あるいは〈リリコ・スピント〉と呼ばれるタイプに属する。作曲家たちは、これまでもつねに登場人物の心理とテシトゥーラのタイプを結びつけて考えてきたが、その結びつきの規範は時代とともに変化している。十七世紀のイタリアでは、若い主人公たちは、たいてい高音域のテシトゥーラで歌っているが、それは、もともとカストラートがその役を演じていたからである。それとは対照的に、年を重ね、もっと賢くなった人物たち、場合によってはもっと怪しげな人物たちは、低音域で歌っていた。しかし時代とともに、英雄的な男らしさを表わすテシトゥーラも変わっている。十九世紀のロマン派オペラの典型としてよく見られるのは、テノールとソプラノが歌いかわすかなわぬ恋のシーンである。

このように、歌手の声についてはいろいろなことが言えるし、また時代とともに声にたいする評価も変わってきているが、そうしたことをすべて超越して、偉大な声を偉大な声たらしめているのは、いつの時代でも、その唯一無二性である。『トリスタンとイゾルデ』でイゾルデを演ずるビルギット・ニルソン、あるいはシュトラウスの『ばらの騎士』で元帥夫人を演ずるエリーザベト・シュヴァルツコップ、彼女たちの歌唱法はまさに彼女たちだけのものであって、ほかの歌手が彼女たちをまねようとしてもまったく無駄である。

国際性

ヘンデル、ファリネッリをはじめとして、多くの音楽家が、生涯にわたって旅を続けている。作曲家であるとともに、興行師でもあったヘンデルは、長いあいだ、ドイツとイタリアを行き来し、最終的にはロンドンに住むことになった。有名なカストラートであったファリネッリは、ヨーロッパ中の宮廷を魅了し、二十年近くをスペインで過ごしたあと、結局、イタリアに戻った。音楽の神童モーツァルトは、幼少の頃からヨーロッパ中の首都を経巡った。このように、国際化現象は昔から見られたとはいえ、飛行機によって移動が容易になり、またディスクのおかげで音楽家たちの名声がたちまち世界中に広がる現代では、ますますこの現象が顕著になっている。ソプラノ歌手のアンナ・ネトレプコやテノール歌手のヨナス・カウフマンは、毎シーズン、世界中の主要な歌劇場（ニューヨークのメトロポリタン歌劇場、ベルリン国立歌劇場、ロンドンの英国ロイヤルオペラ、パリ・オペラ座、そしてザルツブルルク音楽祭のような大音楽祭）に出演している。それは、観客の願いをかなえるためでもあるが、国際舞台でみずからの存在感を示すためでもある。とはいえ、国境を越えて、歌劇場同士で競い合うようなことはない。劇場をつぎつぎに〈はしご〉する熱烈な愛好家たちもいるが、メトロポリタン歌劇場はアメリカ人の観客を何より大切にしているし、私たちはフランス人の観客を大切にしている。そのかわり、劇場間で共同制作をやるときには、その方針について、私たちは忌憚なく意見を交わす。

小道具

だいたい公演初日の半年前、舞台美術家は上演に必要なさまざまな小道具のリストを作成する。舞台装置が確定してからじきに、小道具を揃える作業が始まる。たいていの場合、よく使われる小道具（たとえば武器、剣、銃、短剣など）は保管されており、いつでもオペラで使える状態にある。舞台美術家の判断で、それをそのまま使うこともあるが、借りたり、買ったりすることもある。しかし特殊な小道具については、工房で新たに作らねばならないこともある。小道具の企画担当者は、当然のことながら、創造性が要求されるばかりか、日曜大工の才も求められる。というのも、まったく新しいものを作り出さねばならないし、また舞台上での使い勝手のよさも求められるからである。特殊効果の調整もそうした仕事のひとつで、それは花火などを扱う特殊小道具係が担当する。彼らに求められるのは、たとえば、火災条令を遵守しながら、ろうそくや松明の効果をいかに引き出すか、ということである。

オペラの中で、それぞれの小道具をいつ、どこで、どのように使うかを、細かく記した資料がある。それは「仕様書」と呼ばれる。練習の際に小道具技術係が作成したもので、楽屋裏での作業を進めたり、出演者に小道具の扱い方を指導したりする際のかけがえのない手引きとなる。

コンクール

「コンクール」という言葉は、ふたつの違った事柄を示すのに用いられる。まず競争としてのコンクールがある。参加者たちの目的は、自分を知ってもらうことである。企画ディレクターは、オペラ歌唱コンクールに好んで足を運ぶ。優勝者には早速契約の話が舞い込む。彼らあるいは彼女らはここからキャリアを築くことができる。しかし最終選考に至るまでに、将来有望な歌手が見つかることもある。何年後かには大輪の花を咲かせるだろうが、いまはまだ蕾といった歌手たちである。別のタイプのコンクールは、オペラ劇場が主宰して行なう。オーケストラの演奏者、合唱団のメンバー、さらには歌唱コーチを募るためのものである。オーケストラの演奏者を選ぶコンクールは私が主宰するが、審査員はまず五人の楽団員で構成される。それぞれの楽器、たとえば弦楽器の首席奏者たち、場合によっては、木管楽器、金管楽器などの代表者たち。他に指導部を代表する五人が加わる。音楽監督とそのアシスタント、ふたりのヴァイオリン・ソロ（コンサート・マスター）、そして客員のオーケストラ指揮者、あるいは歌唱コーチ、さもなければ音楽大学教授。第一次選考では、応募者に古典派の協奏曲を一曲、さらにはオーケストラ走句、つまりスコア中のとくにむずかしい一節――たとえば、ヴァイオリニストであれば、『フィガロの結婚』の序曲、トランペット奏者であれは、ムソルグスキーの『展覧会の絵』の冒頭部――を演奏してもらう。審査委員はカーテンの後ろで演奏を聴く。えこひいきを避けるためである。第二次選考は、ロマン派の協奏曲とオーケストラ走句をいくつか演奏してもらう。最終選考では、カーテン越しではなく、対面式でオーケストラ走句だけを演奏してもらう。こうした課題は、コンクールの趣旨に沿ったものである。私たちが求めているのはソリストではなく、合奏者なのであり、それゆえ、こちらの注文に柔軟に応じられる能力が必要なのである。そこで私は、そうした適応能力をテストするために、ひとつのパッセージを、修正を加えながら、繰り返し演奏してもらうこともある。

再演

再演とは、ひとつの歌劇場で、すでに上演した作品をふたたび舞台にのせることを言う。再演を重ねる場合、ほぼ同じ配役で通す場合が多いとはいえ、歌手たちの予定もあるし、観客が別の歌手を望む場合もあるので、必ずしも同じになるというわけではない。

歌劇場とすれば、再演の場合、新制作の場合よりも、練習の回数を減らすことができるし、上演に漕ぎつけるまでの仕事の総量も、当然ながら、かなり少なくてすむ。とはいえ、パリ・オペラ座、英国ロイヤルオペラ、ニューヨーク・メトロポリタン歌劇場は、再演の音楽的質の高さで知られている。じっさい、私たちは、再演にも多くの練習時間を充てている。再演の場合、観客やメディアはすでにその上演を見ている以上、おそらくは新制作のときほど彼らの期待や注目を集めることはないとしても、受ける批評のほうは、新制作のときと変わらず、手厳しいからである。

再生

生きたスペクタクルであるオペラでは、つねに完璧が目指されるものの、じっさいに達成されることはめったにない。しかし完璧を目指すことは、ひとつの手段でありうる。つまり、完璧を目指す必要があるのは、それによって初めて、人物の真実性から生まれる感情をより美しく表現し、観客の心を動かすことが可能になるからである。奏でられるひとつひとつの音が波動となってホール全体に広がり、観客を深い感動で包み込む。ところがこの感動は、ディスクではとうてい味わえない。デジタル音の時代になってからは、なおさらのことである。デジタル音はアナログ音よりずっと冷たいからだ。

たしかにディスクは、超一流の指揮者による数々の歴史的名演を記録し、保存している。それゆえ、あれこれのオペラのさまざまな演奏を、好きなだけ繰り返して聴くことができる。単に聴く楽しみのための場合もあるだろうが、プロの音楽家の場合、あるいは音楽通のアマチュアであっても、それらを聴き比べて、良し悪しを判断することも可能である。とはいえ、ディスクが――あるいは舞台録画のＤＶＤが――提供してくれるのは、ひとつの蓋然性、ひとつの解釈にすぎず、それ以上のものではけっしてない。演奏におけるひとつの決定的真実を、ディスクはまったく伝えてはくれないのである。要するに、生きたスペクタクルにおいてかけがえのないものとは、演奏者と観客がひとつになることから生まれるあの魔法の力である。どんなディスクも、どんなＤＶＤも、同じ瞬間、同じ場所で、数百の人々が同時に味わうあの感動の力に取って代わることはできないのだ。

指揮棒

十七世紀、リュリが演奏者の前で拍子をとったときに握っていたのは、文字通りの棒〔フランス語で指揮棒のことをbaguetteと言うが、baguetteはもともと棒を指す〕で、彼はこの太い棒のためにけがをしたほどである。ところが十九世紀になると、指揮棒は細くエレガントなアクセサリーとなった。指揮者のシンボルともいうべき指揮棒は、このように大きな変遷をたどってきたのである。指揮棒は指揮者の権威を示すが、それ以上に技術面での必要性から用いられている。照明がかなり明るいコンサート・ホールでも、指揮者の動きがオーケストラ全体からよく見えるというわけではない。指揮棒は白か明るい色なので、ピットの薄暗がりでも、はっきり見える。ともあれ、指揮者が金管楽器（ピットの右手）に向いているときにも、そのしぐさはヴァイオリン（左手）にも理解されていなければならない。また、舞台で歌っている歌手たちからも、指揮者の動きが常時見えている必要がある。指揮棒は指揮者の動きをはっきり見せてくれる。指揮棒は彼の右腕の延長とも言え、それによって、テンポを整え、拍子をとる。もう一方の左腕は、右腕と同じ動きをすることもあるが、スコアに込められた力強さや表現性、つまりは作品解釈に深くかかわる領分を担うこともある。

オーケストラの指揮はまさに力業であり、指揮者は自分のすべてを投入する。指揮者のエネルギーは、そのままオーケストラに伝わる。全体からよく見えることばかり意識して、動作を大きくし続けていると、オーケストラの音もますます大きくなってしまう。当然のことながら、舞台で歌う歌手の声も聞こえにくくなる。要するに、スコアに込められた微妙なドラマ性が大味になってしまうのである。そこで、抑えて演奏する術を知ることが大切になる。とりわけ、バイロイト音楽祭では、そのことがはっきり感じられる。ワグナーのオペラには強調されたフォルテッシモがしばしば出てくるが、最初から音を全開にするのではなく、クライマックスに向かって、徐々に盛り上がっていくようにしなければならない。そうした技術は偉大な指揮者の秘訣でもある。年を重ねるにつれて、偉大な指揮者は音を抑える術を完璧に身につける。指揮者は、指揮棒を使ってすべての演奏者に自分の動きが見えるようにしながらも、「抑える」術を知らなければならない。指揮者の才能と経験は、まさにそこに生かされる。

とはいえ、指揮棒は絶対に必要というわけではない。ピエール・ブーレーズ、小澤征爾、あるいはヴァレリー・ゲルギエフは、小規模な楽器編成のバロック音楽を専門とする指揮者と同様、指揮棒なしで指揮をすることを好む。私もまた、モーツァルトの音楽を指揮するとき、たとえばアリアの場面では、なるべく指揮棒を使わないようにしている。それによって、演奏に柔軟性が増すとともに、モーツァルトの音楽の表現性をいっそう引き立たせることにもなる。

室内オペラ

たいていの場合、オペラといえば、何か壮大なものを思い浮かべるだろう。オペラとは、さまざまな芸術――オーケストラ、声楽、演劇、舞台美術――の集合体であり、オーケストラの演奏者はときに百人を超すこともあるし、コーラスが溢れて、舞台をはみ出すほどのこともある……。ところが、リヒャルト・シュトラウスが一九一二年に作曲し、さらに一九一六年に改稿したオペラ『ナクソス島のアリアドネ』では、オーケストラは三十名ほどに切り詰められている。それはまさしく***Kammeroper***、すなわち、小さな楽団を想定して作られた「室内オペラ」である。リヒャルト・シュトラウスのこの***Kammeroper***は、モリエール（一六二二～一六七三）の『町人貴族』を詩人フーゴー・フォン・ホーフマンスタール（一八七四～一九二九）が翻案し、芝居とオペラと舞踊を組み合わせようという大胆な発想から生まれた。作家と作曲家は当初の構想を修正しなければならなかったとはいえ、彼らの意図するところは、オペラというジャンルを刷新し、新たな道を切り開こうという実験的試みであった。この室内オペラというジャンルが誕生したのは二十世紀初頭であるが、それは交響楽が限界に達した時期に重なっている。たとえば、一九一〇年にグスタフ・マーラーが作曲した交響曲第八番は「千人の交響曲」と呼ばれているが、それだけ多くの演奏者（合唱団と楽器演奏者）を必要としているということである。その一年後に作曲されたアルノルト・シェーンベルクの『グレの歌』のオーケストラも、四百人近くの演奏者を必要とする。ワグナー革命のあと、作曲家たちは、それとは別の音楽美学の方向性を探り、結局、より少人数の構成に戻ったのである。この傾向は、交響楽（一九〇六年、シェーンベルクは十五人の楽器演奏者からなる〈室内交響曲〉を作曲している）ばかりではなく、オペラにおいても見られ、その嚆矢が『ナクソス島のアリアドネ』なのである。第二次世界大戦後、ベンジャミン・ブリテン（一九一三〜一九七六）はこのジャンルでいくつかの傑作を生み出した。一九四六年の『ルクレティアの凌辱』、その翌年に作曲された『アルバート・ヘリング』、さらに一九五四年の『ねじの回転』など。彼は内面的な主題を好んで取り上げ、少数の独唱者、合唱なし、十三人ほどのオーケストラでそれを表現する。こうした小規模作品を制作するのは、もちろん芸術上の問題でもあるが、安上がりという経済的利点もある。室内オペラというジャンルが誕生して以来、それにふさわしい劇場も作られるようになった。たとえば、ウィーンやベルリンの室内歌劇場など……。このように、オペラでは、わずかな手段で、非常に美しいものを生み出すことも可能である。

字幕

字幕は、まず台本をもとにして作られる。舞台で実際に歌われる台詞を全部文字にすると、長くなりすぎて、ディスプレイに収まりきれなくなる。作品によっては、言葉をカットするのもさほどむずかしくない。たとえば、言葉が繰り返される場合は、その部分を削ればよい。しかし、ワグナーのオペラなどの場合はそうはいかない。彼は四部作〔総タイトル「ニーベルングの指環」のもと『ラインの黄金』、『ヴァルキューレ』、『ジークフリート』、『神々の黄昏』からなる」の台本をみずから書いており、それゆえ、字幕でも言葉の味わいをできるだけ保つようにしなければならない。そのうえ、言葉を切り詰める際、場面との照合、言葉のリズム、その効果なども考慮しなければならない。たとえば、コミカルな場面で字幕が遅れてしまうと、観客はその場面のおかしさや面白さを味わえないで終わってしまうことになる。このように、字幕技術は、スコア、映し出された文字、生きたスペクタクルとしての特性、それらをうまく調和させるところにある。そのため、字幕担当者はスコアをシーンごとに区切ることができるソフトウェアを使い、これから映し出す字幕の入ったシーンを選び出す。上演の際は、字幕担当者自身がクリックして、それぞれの字幕の〈頭出し〉をする。

字幕が初めてオペラに用いられたのは、一九八三年、トロント歌劇場でリヒャルト・シュトラウスの『エレクトラ』を上演したときである。そのときはまだ、ただのスライドであった。フランスでこのシステムが導入されたのは、一九九〇年代のはじめである。ニューヨークのメトロポリタン歌劇場では、特殊な工夫が凝らされている。観客のひとりひとりが小型スクリーンを利用できるのだ。前席の背にはめ込まれており、そのスイッチを入れるかどうかは観客自身の判断に任されている。当初はかなり批判されたが、いまでは、自国語で歌われるオペラでさえ、字幕付きが当たり前になっている。字幕を読むことで、ごく普通の観客でも作品の内容がよく分かるようになった。また字幕のおかげで、チェコ語やロシア語など、むずかしい言語で書かれたオペラが上演される機会もずいぶん増えた。字幕を批判する人たちは、観客が文字を読むのに忙しく、歌や音楽をじっくり味わう妨げになると言う。字幕にたいして、私はそれほどやかましくは考えないが、ただひとつ心配なのは、歌手たちのあいだで、発声法を磨こうとする意欲が薄れるのではないかということである。しかしオペラでは、発声法はきわめて重要な要素なのである。

ジャンル

イタリア語で、「オペラ」(*opera*)は、ただ単に「制作」を意味する。一六〇七年にモンテヴェルディが『オルフェオ』を作曲したとき、彼はこの作品を*favola in musica*、すなわち「音楽による寓話」と名付けた。当時として目新しかったのは、テキストと劇と音楽とが一体になっているという点であった。「オペラ」という語を特定のジャンルの呼称として使うようになったのはかなり遅く、おそらく十七世紀中頃のことである。そのうえ、時代が下るにしたがって、オペラを定義するのに、さまざまなカテゴリーが考え出された。

このジャンルに固有な性格を定義するうえで、繰り返し議論されてきたのは、台詞と音楽、それぞれの位置づけの問題である。台詞と音楽、そのどちらを優先すべきか。十七世紀にリュリが創始した「音楽悲劇」は、台詞の朗唱に重きを置く。それにたいして、十八世紀の初頭、イタリアで完成を見た「オペラ・セリア」は、歌の妙技のほうをはるかに重要視している。

「オペラ」と呼ばれているジャンルは、すべて歌で通すべきなのか、それとも語りが入ってもよいのか。十九世紀のフランスでは、歌劇場で上演されるのは、もっぱら、すべて歌で通す作品であり、語りによる対話を含むものは、オペラ・コミック座で上演された。一八七五年にジョルジュ・ビゼーの『カルメン』が上演されたのも、オペラ・コミック座においてである。しかし今日では、この作品は正真正銘のオペラと見なされている。

このように、オペラは定義が絶えず揺れ動いてきたジャンルなのだ。オペラの歴史をひもとくと、伝統的な約束事をどう守っていくか、さらにはオペラが内包するさまざまな芸術表現（音楽、劇、詩、視覚芸術）の均衡をいかに保つべきか、絶えず議論されてきたことがうかがえる。私たちの先輩は、この問題を議論すべく、長い概論を書いたり、挑発的な文書を発表したりすることもためらわなかった。二十一世紀に入っても、斬新奇抜な演出は、相変わらず激しい議論の的になっている。演出家たちは、レパートリーとなっている古典的作品の解釈において、守るべき一線を越してしまっているということだろうか。ともあれ、オペラの現場はいまなお活気に満ちており、オペラが生きたジャンルであることを示している。

重唱

オペラでは、ふたりないしそれ以上の歌手がいっしょに歌うことを〈重唱〉（ensemble）と言っている。オペラ以外では、複数の人物が同時に歌う、しかもときには相矛盾する感情を歌うのを聴くことはおそらくないだろう。モーツァルトのオペラ『コジ・ファン・トゥッテ』では、対になる複数のカップルを登場させる。ふたりの姉妹と婚約しているふたりの士官、そしてこのふたつのカップルを手玉にとろうとするドン・アルフォンソとデスピーナのコンビ。作曲家は、一貫したひとつの楽想のもとに、騙す役を演じるふたりの男、騙されて心乱れるふたりの女、そして陰謀を巡らすふたりの男女を巧みに結びつけるが、しかも、それぞれの人物が独自の性格や心情を示し続けている。かくして、同じひとつのシチュエーションにひそむ三つの異なる面がはっきり浮かび出る。複数の人物を絡み合わせるこうした舞台上の工夫は、劇の筋立てを錯綜させ、かなり分かりにくいものにするが、音楽的にはじつに素晴らしい効果を発揮する。モーツァルトによって、重唱の技法は頂点に達したのである。モーツァルト以前、バロック時代の作曲家たちが書く重唱は、かなり短く、しかも少人数で歌うものが多かった（二重唱か、せいぜい三重唱）。しかし古典派の時代になると、オペラ・ブッファ（芝居における喜劇に近い主題を扱う）のジャンルで、作曲家たちは、六人、さらには七人もの人物からなる、大胆な重唱を試みている。さらに十九世紀には、ヴェルディが重唱を巧みに使って、最大の劇的効果を発揮している。たとえば、『アイーダ』第二幕の壮大なフィナーレでは、大合唱に多数の歌手たちによる重唱を織り込んでいる。

重唱を仕上げていくうえで、オーケストラ指揮者と歌唱コーチは、声のハーモニーに気を配り、それぞれの声のヴィブラートや響きがうまく溶け合うよう調整しなければならない。響きのニュアンス自体も、重唱の重要な要素なのである。たとえば、ソット・ヴォーチェ、「声をひそめて」（つまり、ささやいたり、ひとりごとを言ったりする）は、ピアノ（弱音で、弱く）と同じ意味ではない。歌手たちはこの違いに気を付けなければならない。なかには、自分の声が聞こえないことを恐れて、強く歌う歌手もいる。そうしたときには、私は彼（彼女）に、歌手たちがフォルテで歌うなら、オーケストラもフォルテにしなければならないし、逆にピアノの指示に従って歌ってくれれば、楽器演奏者たちもうまくそれに合わせる、と説明することにしている。こうした信頼関係、こうしたバランスをあえて要求することはとても大切である。そうしたことに細心の注意を払うオーケストラ指揮者がきわめて少ないように、私には思われる。

修練

オペラ歌手たちが自分に課している厳しい規律や節制に、私は賛嘆の思いを禁じえない。歌手がみずからの身体能力を高めるには、途方もなく長期間にわたって訓練を積まなければならず、それだけに自分を厳しく律する必要がある。じっさい、声を支えるのは、声帯や呼吸だけでなく、体全体なのだ。

フル・オーケストラをバックに歌うのは、歌手にとってこのうえなく感動的な経験である。ヴェルディの作品のいくつかの配役、あるいはワグナーのそれ、たとえばトリスタン、イゾルデ、ジークフリートなどを演ずるには、非常な努力を要するので、その歌手たちが体力を回復するのに、ときには三日の休みを見込んでおかねばならない。しかも、その三日の休みの過ごし方まで、しっかり決めている歌手も多い。出演の翌日は、ひとこともしゃべらない。二日目は、文字通りの休日として、ゆったりくつろいで過ごす。つぎの出演の前日は、ふたたび沈黙を守る。彼らはこれほど厳しく生活を律しているのだ。

スポーツ選手が筋肉のウォーミングアップをするように、歌手たちも声のウォーミングアップをしなければならない。この〈ウォーミングアップ〉には、それにかける時間の長さよりも、効果的な方法が求められる。最初は、口を閉じたまま、「ピアノ〔弱音〕」で軽くハミングする。それから少しずつ口を開いて、声を大きくする。簡単な音域から始め、しだいに音域を広げ、最高音、最低音にいたる。さらに音階やアルペッジョ〔分散和音〕をやってみる……。舞台では、歌手たちはほかの誰も味わえないことを経験する。じっさい、アリアを歌い終わって、熱狂する観衆の姿を見るのは、このうえなく素晴らしい体験にちがいない。しかし、その晴れ姿の背後には、気の遠くなるほど長期間の練習があったのである。声がうまく出ないときには、どれほど苦しかったことか。また、旅から旅への日々、どれほど孤独を味わったことか……。

「キャリア」の項〔五八頁〕も参照していただきたい。

照明

私たちが作品を練り上げていく段階では、まだ照明を使わないので、舞台はむき出しの状態である。同じように、まだオーケストラが加わらず、ピアノの伴奏だけで行なう練習では、もっぱら技術的側面に力点が置かれることになる。照明とオーケストラが加わることによって、ようやく、生きたスペクタクルの魔法の息吹と偉大さを感じ取ることができる。

作品の視覚的世界は、演出家、舞台美術家、照明技師の共同作業によって作り上げられていく。劇場には照明専門の常勤職員もいるが、たいていの場合、演出家は照明技師をみずから選ぶ。公演初日の一年前、舞台装置の模型のプレゼンテーションが行なわれるが、その際、舞台美術家は、自分が構想している舞台装置を説明するとともに、作品にふさわしい美学を提案する。こうして明らかになってきた舞台上のさまざまな制約を踏まえたうえで、照明技師は照明をどうすべきか考える。その際、照明技師は、舞台美術家と同様、自分が自由に使える技術的手段、つまりその劇場の照明装置を考慮に入れなければならない。パリ・オペラ座には、備え付けの照明装置を制御する「照明プラン」というボードがあり、それを使って多数のプロジェクターを自在に操作することができる。しかし、たとえば舞台裏から光を当てるというような特殊な場合には、照明技師は照明担当主任の協力を得なければならない。舞台装置が完成してから、いよいよ照明の調整が行なわれるが、それにもかなりの時間がかかり、ひとつの作品について、約四十時間を見込んでおかなければならない。演出家ロバート・

ウィルソンはさらに徹底している。彼が構想する演劇世界では照明が大きな要素を占める。それゆえ彼の場合、照明の調整に百時間から二百時間かける。さらに照明関係スタッフは、総稽古の当日まで、細心の注意を払いながら、作業を続けることになる。彼が構想した雰囲気を忠実に再現するためである。

初演

初演というのは、いままで誰も聴いたことがなく、歌劇場で初めて演奏される作品を指す。二十世紀初頭もしくは第二次世界大戦までは、プログラムの演目は初演作品が中心だった。もちろん歌劇場は、初演作品に加えて、すでにレパートリー作品も上演していたが、聴衆の関心はもっぱら新作オペラのほうにあった。しかし二十世紀のあいだに、状況は一変した。聴衆が歌劇場に足を運ぶのは、もはや新しい作曲家を発見するためではない。そうしたこともまったくないわけではないが、きわめてまれである。たいていの場合、聴衆は聴きにくる曲をすでに知っている。彼らはディスクを持っており、『フィガロの結婚』や『トスカ』や『サロメ』のさまざまな演奏を聴き比べている。それゆえ、彼らを引き付けるのは、作品自体の目新しさではなく、演出の斬新さとか、役を演ずる歌手たちなのである。

しかし、現代オペラを聴衆に紹介するというのは、ひとつの時代の課題と美意識とを直接証言している作品を彼らに提供することにほかならない。それはまた、現役の作曲家たちの仕事を奨励することでもある。パリ・オペラ座では、現代曲の初演を積極的に行なうことを、運営方針のひとつとしている。それは、大きな歌劇場がみずからの義務とすべき公共的使命であろう。もちろん、現代だから現代の作品をやるべきだ、というのではなく、音楽形式の多様性をさらに押し広げるとともに、レパートリーをより豊かにしていくことが大切なのである。

序曲

二〇一一年秋に、『運命の力』がオペラ・バスティーユで上演されたとき、演出家のジャン＝クロード・オーヴレーと私は、序曲を第一幕のあとに移すことにした。私たちは、観客の期待の裏をかこうとしたのだ。カラトラーヴァ侯爵の死によって、〈運命〉が動き出す。そのとき初めて、運命の三つの音が鳴り渡り、人間は自分が起こした行為の結果をまぬがれないことを思い起こさせる。

現在、オペラでは、上演に先だって行なわれるいくつかのしきたりがある。ホールの照明が消える、指揮者がピットに入る……。しかし何世紀ものあいだ、スペクタクルの始まりを告げるのは音楽だった。オペラの最初期、序曲――むしろ、イタリア語でシンフォニア（*sinfonia*）と言っていたが――の役割は、ただ観客の注意を喚起することであって、それゆえ、必ずしも上演するオペラのスコアに書き込まれていたものではなく、演目に応じて自由に変えることができた。しかし十八世紀のあいだに、この前置きの音楽とオペラ自体との主題的結びつきがしだいに強まってきた。『ドン・ジョヴァンニ』において、モーツァルトは、早くも序曲から、騎士長の主題を提示している。十九世紀になると、リヒャルト・ワグナーは、オペラの前奏曲（ドイツ語の *Vorspiel*）で、音による雰囲気作りを優先させたが、それによって観客をほとんど宗教的ともいえる体験に誘おうとしたのである。その頃には、『運命の力』にも見られるように、オペラに現われるすべてのモチーフを寄せ集めたモザイクさながらの序曲が少なくなかった。〈ポプリ式〉序曲と呼ばれ、オペラのなかのもっとも印象的な旋律を数分のうちにつなぎ合わせる音楽メドレーである。晩年の作品において、器楽演奏による導入部をすっかり省いてしまったヴェルディだが、一八六九年の『運命の力』改訂版では、逆に、序曲をとりわけ入念に仕上げている。以来、それは音楽史に燦然と輝く名序曲のひとつになっている。

初日

公演初日の夕方になると、いよいよ興奮が高まってくる。何週間も練習を積み重ねたあとだけに、メディア、エージェント、とりわけ多数のオペラ愛好家たちがホールに詰めかけていることが分かると、心地よいエネルギーが湧いてくる。上演に先だって、誰もが心からの挨拶を交わし合い、励まし合う。芸術家たちはプレゼントを交換したりする。その雰囲気は格別である。上演が終わり、幕が下りると、カーテンコールを待つ。期待と不安が交錯する瞬間である。演出家も舞台に立つ。たいていい拍手喝采を浴びるが、観客の反応次第では、ブーイングを受けることもある。それから、カクテルパーティーとなり、総監督が関係者一同にお礼を述べる。誰ひとりとして忘れてはならない。技術者、舞台装置係、衣装係、小道具係など、重要な仕事をしながらも、舞台では直接喝采を受けることはない裏方たちの労をねぎらう、またとない機会なのだから。

初日の夕べは、このように、やや格別なおもむきがあるとはいえ、あまり楽しいひとときとは言えない。けれども、ひとつの作品を上演するには、このひとときを避けて通るわけにはいかない。いずれにせよ、初ヨはプレッシャーが大きいので、最高のスペクタクルにはならないのが普通である。二日目の晩もまた、別の意味でむずかしい。初日は大きな興奮に包まれるだけに、その反動で、低調になってしまうことが多いのだ。初日が成功だった場合は、よけいにその心配がある。三日目の晩になると、誰もがようやく落ち着いてくる。プレッシャーがなくなって、ひたすら音楽に没頭できるというムードになる。音楽家という仕事ができる喜びを満喫する瞬間である。

新制作

「新制作」はシーズンの目玉となる演目であり、それを上演する歌劇場にとっては大事件である。封切り映画が公開されるときのように、観客もメディアも大いに注目する。再演とは違って、劇作法、版の選択、演出、舞台装置、配役など、すべてが刷新される。作品をまったく新しく解釈し直し、レパートリーを一新して、時代の美的傾向に即しつつ、現代に蘇らせようとする。

新制作の誕生には、さまざまな動機や思惑が絡む。まず、総監督や音楽監督が提案する。彼らは時流に敏感で、観客やメディアの要望にも耳を傾ける。新制作に踏み切る決定は、歌劇場の歴史とも関係する。『カルメン』のような有名な作品が、十年以上ものあいだ、オペラ座でまったく上演されなかったため、二〇一二年末、まったく新しい形で、パリの観客に見てもらおうということになった。新制作は、危険な賭けとなる場合もある。たしかに、ひとつの作品のいくつかの新制作が、演出史に残る名演となり、それぞれの時代の芸術家と観客に大きな感銘を与えてきた。私が思い浮かべるのは、ジョルジョ・ストレーレルが一九七三年に演出した『フィガロの結婚』、フランコ・ゼッフィレッリが一九八一年にメトロポリタン歌劇場で演出したプッチーニの『ラ・ボエーム』、一九七一年にウィーンでオットー・シェンクが演出したヨハン・シュトラウスのオペレッタ『こうもり』などである。何より肝心なのは、レパートリー作品について、演出を見直すべき時期が来ているのかどうか、よく見極めることである。そもそも、過去の上演で使っていた舞台装置がそっくり保存されていることもある。同じひとつの作品を新たに制作したからといって、新しいページが開かれるという保証はどこにもないのだ。

神話

バロック期の台本作者と作曲家たちは好んで神話を題材にしているが、じっさい、彼らはギリシア・ローマ文化に精通していた。モンテヴェルディは、『オルフェオ』〔オルフェオはオルフェウスのイタリア語表記〕に引き続いて、『ウリッセの帰還』〔ウリッセはオデュッセウスのイタリア語表記〕を作曲した。リュリは、主だったところだけでも、テセウス、アティス、プシュケ、プロセルピーナ、ペルセウスの冒険に曲をつけた。ラモー（一六八三〜一七六四）は、カストルとポリュクス〔ポリュデウケス〕、プラテ〔プラタイア〕、さらにピグマリオンの神話を題材に作曲した。十八世紀末近くになると、台本作者と作曲家の関心はむしろ歴史的あるいは同時代的主題に移ったが、神話の演出がオペラにもたらした超自然的要素がすっかり失われてしまったわけではない。モーツァルトが一七九一年に作曲した『魔笛』の台本は、古代神話ではなく、同時代の作家クリストフ・マルティン・ヴィーラント（一七三三〜一八一三）の物語に基づいているが、この作品はまさにひとつの神話となり、その伝説的世界は、あまたの超自然的効果を伴いながら、魅惑的なスペクタクルを現出させている。神話を題材にしたこれらの作品は、単に美的な楽しみを提供してくれるだけでなく、元型的人物を登場させており、いかにも人間的な彼らの冒険と情念が観客の心を奪う。これらの作品はまた、ひとつの哲学体系を構成するほどの大きな意味作用を備えている。モンテヴェルディは、オルフェオに託して、音楽は死に打ち克つことさえできるという信念を伝えようとしたのだ。モーツァルトは、『魔笛』の主人公たちをフリーメーソン的探求の象徴とした。のちに、ワグナーもまた神話を利用したが、ただしドイツ伝来の神話である。とはいえ、そうした神話を通してワグナーが投げかける問題はまったく普遍的であるである。彼は、トリスタンとイゾルデを通して神秘的愛を、ヴォータンを通して飽くことのない物欲を、それぞれ語っている。

スキャンダル

二〇〇三年のザルツブルク音楽祭で、観客のひとりとして、シュテファン・ヘアハイム演出によるモーツァルトの『後宮からの誘拐』を観る機会があった。そのカーテンコールで、観客は彼の演出に激しく抗議した。この演目に懸命に取り組んできた音楽家たちとスタッフにとっては大きな衝撃だったろうが、衝撃の大きさばかりに心を奪われて、スキャンダルには肯定的な側面もあることを見逃してはなるまい。スキャンダルは、芸術史の転換点を画し、ひとつの時代の美的規範の変化を表わしている場合もあるのだ。

今日、レパートリー作品の上演数にくらべれば、新作の上演数はきわめて少なくなっているため、音楽そのものが観客に衝撃を与えることはめったにない。衝撃を与えるのは、むしろ演出の斬新さであり、とりわけ、誰もがすでに自分なりの見方を身につけてしまっているようなよく知られた作品の場合、その衝撃は大きくなる。一九七六年に、パトリス・シェローが『ニーベルングの指環』を演出したときにも、バイロイトの観客から激しいブーイングを浴びた。四部作の百周年を記念する年だっただけに、観客の腹立ちは尋常ではなかった。しかしこのスキャンダルは、シェローの解釈が、劇作上の観点から言って、まさに革命的であったことを物語ってもいるのだ。それは、一世紀前、ワグナーの大胆な和声法が革命的であったのと同じである。そして、ワグナーの作品が音楽史においてそうなったように、シェローの『指環』もまた、オペラの演出史上、誰もが避けては通れない古典となったのだ。

スコア

音楽家のなかには、訓練を積むことによって、スコアを一回読んだだけで、その音楽を心の中で聴き取ることができるようになる者も少なくない。たとえばブラームス（一八三三〜一八九七）は、モーツァルトの『ドン・ジョヴァンニ』のもっとも完璧な〈上演〉とは、応接間でスコアを読みながら、心の中で思い描く演奏にほかならないとつねづね言っていた。私がひとつの作品を指揮することになったときには、その音楽テキストをいくつかの段階を経て少しずつ自分のものにしていく。まずは、机のうえで研究する。形式を分析し、拍子の取り方を決めたり、各主題の始まりを確認したりしながら、スコアに多くの書き込みをする。それから、ピアノでいくつかの旋律を弾きながら、その意味や役割を理解しようと努める。それから、その曲のディスクを聴く。なかには、他人の演奏を聴こうとしない指揮者もいる。聴いた演奏が耳についてしまい、スコアそれ自体に注意が集中できないからだと彼らは言う。それでもなお、私があえてディスクを聴こうとするのは、スコアが唯一絶対だとは思われないからである。とりわけオペラでは、伝統というものはスコア以外のところで伝えられる。じっさい、ロッシーニやドニゼッティの作品のいくつかのカデンツァ〔曲の終止の前に独唱者（独奏者）が演奏技巧を十分に発揮できるように挿入された装飾的な部分〕はスコアに書かれているわけではない。とはいえ、観客はそれを聴くのを楽しみにしている。作品演奏にまつわるこうした歴史を知っておかないと、結局のところ、カデンツァをあっさり省いてしまうということになる。

そうした準備作業のあと、ついに実際のオーケストラを指揮する段階になる。交響曲のコンサートの場合、私は自分の前に譜面台も置かず、それゆえスコアも見ずに指揮するようにしている。この障壁を取り払うことによって、楽器演奏者たちをいっそう身近に感じ、彼らの微妙な動きにも柔軟に対応できるからである。要するに、「スコアの中に頭をつっ込むのではなく、スコアを頭に叩き込むこと」が肝心なのだ。それによって、細部にこだわりすぎて、全体のバランスを見失ってしまうということもなく、しかもそのうえで、いまの一瞬に心地よく浸りきることもできる。オペラの場合は、演奏時間が格段に長くなるので、指揮法もまったく異なってくる。オーケストラに注意を集中しなければならないことはもちろんだが、歌手たち、合唱、それに演出家にも気を配らなければならない。それゆえ、スコアを譜面台に置いて、みんなを安心させる必要がある。

〈スタジオーネ〉

〈スタジオーネ（*stagione*）〉とは、イタリア語で「季節」を意味する。歌劇場のプログラム企画システムである〈スタジオーネ〉のモデルは、じっさい、オペラ発祥の国イタリアに由来する。それは、歌劇場の活動が季節のリズムに従っていた時代の古い慣習の名残である。ただし、季節とは言っても、現代のオペラ界で通常使われている意味での「シーズン」ではなく（現代の文化施設で用いられる「シーズン」という言葉は、九月から翌年の六月までを指す）、一年を通じて巡ってくる四つの季節、つまり夏、秋、冬、春のことである。その昔、歌劇場の興行は、季節ごとにひとりの〈インプレサリオ〉、つまりは「興行師」に任されていた。彼は役どころがはっきりしている歌手たちからなる歌手団（アンサンブル）を雇い入れた。そこには、演奏家もいれば、歌手団のメンバーに合わせて曲が書ける作曲家もいた。

そうした〈スタジオーネ〉の最初の方式は、もちろん、その後大きく様変わりしている。今日、〈スタジオーネ〉方式をとっている歌劇場は、季節ごとではなく、年間を通してプログラムを組んでいる。取り上げる作品数をしぼり、それぞれの作品を数週間ずつ上演する。再演もしないし、専属の歌手もいない。そもそも、二十世紀の中頃から、歌手団は徐々に姿を消しつつある。歌手たち、ときには演奏家や合唱団まで、原則として、決まった役や仕事を割り振ったうえで契約し、出演料が支払われる。ただし、ほとんどの場合、オーケストラ指揮者だけは、シーズンの初めから終わりまで、仕事を続けており、それによって一貫した芸術的方向性が保たれる。このシステムは、イタリアはもちろん、フランスとイギリスの多くの歌劇場でも採用されている。

パリ国立オペラでは、折衷方式、あるいは〈セミ・スタジオーネ〉方式がとられている。異なった作品シリーズがいくつかあり、それらのシリーズを同時期に並行させ、原則として交互に上演する。たとえば、バスティーユでは、数週間にわたって、シーズンの新制作である歌劇『カルメン』をある晩上演すると、その翌晩は、レパートリー作品であるバレエ『ドン・キホーテ』を上演する、といった具合である。パリ国立オペラは、専属歌手団は持たないが、プログラムには、シーズンごとに、いくつかの再演が組み込まれる。

政治

その誕生以来、オペラは時の権力者がみずからの偉大さを誇示するのにつねに利用されてきたと言わねばならない。十七世紀の終わり、作曲家ジャン＝バティスト・リュリはルイ十四世の栄光を讃えるオペラを作曲している。一六七六年に書かれた『アティス』のプロローグでは、三人の寓意的人物がこのオペラが上演されるその理由を明かす。それは、国家の諸問題に忙殺される君主の心を慰めることである。しかし作曲家たちは、必要とあらば、権力を出し抜くすべも知っている。モーツァルトと台本作家ダ・ポンテ（一七三九〜一八三八）は、オーストリアでも検閲に引っかかり、一七八四年まで上演禁止となっていたボーマルシェ（一七三二〜一七九九）の劇『フィガロの結婚』を、そのわずか二年後にオペラに翻案するに当たって、官憲を刺激しかねない文章を大幅に書き変えたが、音楽においては、反体制的な要素が巧みに残されている。オペラ『フィガロの結婚』の冒頭、スザンナはフィガロに伯爵が自分に言い寄っていることを明かす。怒りに燃えながらも、無力な従僕は、主人を挑発するまねをする。「あなたがダンスをなさりたければ、伯爵殿、私がギターを弾いてさしあげましょう……」モーツァルトは、このアリアで、貴族的なダンスであるメヌエットをパロディー化している。モーツァルト的アイロニーの典型例であり、ウィーンの貴族たちもそれに気づかなかったはずはない。

フランス大革命、ナショナリズムの目覚め、産業資本主義の勃興によって、権力構造の均衡が崩れ、それと同時に、オペラにおける政治言説のあり方も変わった。オーストリアがイタリアの一部を占領していた時代、ヴェルディは、数多くの作品で自由のための闘いをテーマに取り上げている。独立の闘士たちは、一八四二年に作曲された『ナブッコ』で奴隷たちが歌う合唱を口ずさみ、ヴェルディ万歳（VERDI すなわち Vittorio Emanuele Re d'Italia〔ヴィットーリオ・エマヌエーレ・イタリアの王〕の頭文字を並べたもので、愛国者たちはこの王を支持した）を政治的スローガンとした。ワグナーにおいては、批判の矛先は、とりわけ、資本主義の発展とともに肥大化する金権力に向けられている。『ラインの黄金』は、世界の財宝を手に入れるためには手段を選ばない神ヴォータンの物語である。ここでは、批判の標的は、もはや貴族階級ではなく、十九世紀末のドイツを席巻した大資本家たちである。

全体芸術

「全体芸術」（ドイツ語で言えば *Gesamtkunstwerk*）の夢は、たいていの場合、ワグナーに結びつけられるが、じっさいにはオペラ芸術の全歴史を通じて追求されてきたものである。何世紀ものあいだ、台本、舞台、音楽の関係について、多くの議論がなされてきた。たとえば十八世紀には、音楽をすべてに優先するラモーの支持者たちと台本を最優先させるリュリの支持者たちとのあいだで論争があった。それから二世紀が過ぎても、この問題はまだ決着がついていない。リヒャルト・シュトラウスの『カプリッチョ』においても、この問題はいまだに作曲家フラマンと詩人オリヴィエを悩ませている。オペラ美学は、その起源からして、視覚的要素を重要視している。十七世紀のバロック・オペラの上演では、複雑な機械装置を駆使した奇想天外な舞台が繰り広げられる。

リヒャルト・ワグナーは、こうした問題を深く考える点では、長い伝統に連なるとしても、先人たちと違って、諸芸術を序列化しようとはしなかった。音楽、踊り、詩、造形芸術、哲学、絵画、建築、そして音響効果の探求、それらはすべて、ひとつのスペクタクルの中に溶け込まなければならないのだ。作曲家ワグナー自身、この理想に近づくべく努力した。彼は自分のオペラの上演をなかば宗教的体験と考え、そうした発想のもとに、みずから台本を書き、それにふさわしいオペラ・ホールの建築を構想した。

オーケストラ指揮者にして作曲家であったグスタフ・マーラーは、熱烈なワグナー崇拝者でもあった。一八九七年、ウィーン国立歌劇場の総監督に就任し、一九〇二年には画家で舞台美術家のアルフレート・ローラーを雇った。一九〇三年、このふたりの創造的芸術家は、『トリスタンとイゾルデ』を、様式化したフォルムを基調とする非常に斬新な舞台装置を駆使して上演した。この野心的な形式的アプローチは、ワグナー自身の理想に近づいている。現代のロバート・ウィルソンのような芸術家の仕事も、きわめて先進的な舞台美術の研究を踏まえている。造形芸術畑の大物がオペラの演出に取り組む場合もある。たとえば、舞台美術家で舞台設計家のヤニス・ココス、あるいはもっと変わったところでは建築家のダニエル・リベスキンドがいる。リベスキンドは、二〇〇二年、ベルリン・ドイツ・オペラで『アッシジの聖フランチェスコ』〔オリヴィエ・メシアンのオペラ〕の演出を担当した。こうした試みは、オペラ美学を革新する可能性もあるが、オペラの特殊性に鈍感な芸術家を採用してしまう危険性もある。全体芸術の理想に近づくには、多様な芸術言語に精通する感性が必要なのだ。

大衆化

オペラはいまなおエリートの娯楽と見なされている。それには二通りの説明が可能であろう。まず、オペラ制作は高くつく。第二に、この芸術は、その長い歴史を通じて、それぞれの時代のエリートたちと密接な関係を築いてきた。オペラはイタリアの宮廷で生まれた（とはいえ、早くも一六三七年には、ヴェネチアで初のオペラ公演が行なわれている）。ルイ十四世治下のパリでは、オペラが王の権力誇示に利用された。さらに十九世紀、ガルニエ宮はブルジョワたちの格好の社交場となった。今日でも、たとえばザルツブルク音楽祭などで、同じようなことが行なわれている。

しかしオペラは、つねに庶民的な側面も併せ持っていた。モーツァルトが一七九一年に作曲した『魔笛』は、きわめて洗練されたオペラである。にもかかわらず、ウィーンでは、まさに大衆的成功を収めた。多くの物語と同様、この作品はいくつものレベルで読み解くことができるのだ。

私たちもまた、オペラが万人に手の届く芸術だという考えを広めていかなければならない。オペラのストーリーは理解しやすいし、主題――愛、死、自由など――は普遍的である。オペラが呼び起こす感動は、私たちを熱狂させる。十九世紀、イタリア人が独立のために戦っていたとき、彼らはヴェルディの音楽にみずからの姿を重ねていた。ヴェルディのオペラは、自分たちはひとつの共同体に属しているという強い感情を彼らにもたらしてくれたのだ。第二次世界大戦直後、まだ厳しい生活が続いていたにもかかわらず、早速、人々はオペラや劇場に足しげく通うようになった。おそらく、そうすることで、失われた生活を取り戻そうとしたのである。それは、教育や社会階級がどうのこうのといった話ではないだろう。サッカー好きの人間が、『フィガロの結婚』の舞台に魅了されるということも、大いにありうるのだ。

もっと具体的な話をすれば、料金体系を工夫することで、オペラの大衆化をさらに推し進めることができるだろう。ちなみに、オペラ・バスティーユでは、チケットの最低料金が五ユーロ、つまり映画館のチケットの半額である。さらにまた、劇場で味わう生きたスペクタクルは何ものにも代えがたいとはいえ、それ以外の場でも、人々がオペラを鑑賞できる機会をもっと多く作っていかねばならない。じっさい最近では、かなりの数のオペラが映画館で上映され、またテレビで放映されている。

今日、オペラはさまざまな文化産業との厳しい競争を強いられているが、新しい観衆を獲得し、とくに若い人たちに気軽にオペラを鑑賞してもらえるよう、私たちは絶えず努力している。

台本

台詞と音楽のどちらを優先するべきかという問題は、オペラの歴史を通して、批評家のあいだでも、作曲家のあいだでも、さかんに議論されてきた。とはいえ、この三世紀で、台本作者の役割もずいぶん変わっている。古典主義時代には、台本作者は、作曲家にたいし、優位に立っていたわけではないにしても、少なくとも対等の立場だった。ロマン主義時代になると、台本作者の立場は目に見えて後退した。それ以来、真の創作者として認められるのは、むしろスコアの作者、つまり作曲者ということになった。

一般的に言って、オペラの台本で文学的に優れたものが少ないことは認めざるをえない。もちろん例外はある。ロレンツォ・ダ・ポンテがモーツァルトのために書いた『フィガロの結婚』を含む三つの台本が、そのよい例である。アッリーゴ・ボーイト（一八四二〜一九一五）がヴェルディのために書いた『オテロ』や『ファルスタッフ』などの台本、あるいはリヒャルト・シュトラウスがオペラ化したフーゴ・フォン・ホーフマンスタールの文学テキストも、そうした例外に入るだろう。しかしこれらの成功例は、台本作者と作曲家とのあいだに生まれた一種の錬金術の結晶である。その錬金術は、モーツァルトとヴェルディの場合のように、作曲家が独裁的といえるほどに自分の要求を押し通すことで生まれることもあれば、シュトラウスとホーフマンスタールが長年交わし続けたみごとな往復書簡が示しているように、ふたりの創造者が無二の友情で結ばれることで生まれることもある。

オペラはつねに観客に強い感動を与えようとするが、詩を内面から照らし出すことができる歌曲と違って、オペラのスコアには、大作家の言葉を生かす十分な余地がない。オペラでは、感動はむしろ言葉の節約から生まれることが多い。素晴らしい愛の二重唱を生み出すのに、たった数語で足りることもしばしばあるのだ。

代役

オペラでは、当日になって公演を取りやめ、かなり遠方からやって来ることも少なくない観客にそのまま帰ってもらうようなことはとうていできない。しかしこの絶対的要請に、オペラの楽しみを提供してくれる主要な楽器がうまく対応しきれない場合もある。歌手たちの声は壊れやすい楽器なのだ。それゆえ、起こりうるあらゆる事態に、あらかじめ備えておく必要がある。

演目によっては、〈代役〉ではなく、〈第二の配役〉を準備する場合もある。とりわけ、ひとりの歌手が、さまざまな理由から、予定された公演のすべてに出演できないことがあらかじめ分かっている場合、残りの公演では、別の歌手がその役を務めることになる。しかしこの場合は、かなり前から準備できるわけである。ところが、公演当日になって、歌手が急に出演できなくなることもある。その場合は、すぐにも解決策を見つけなくてはならない。

北米では、歌劇場がそれぞれ遠く離れているし、ヨーロッパのように歌手がひとつの都市にたくさん集まっているという状況ではない。そうなると、解決策としては、代役を常時雇っておくということしかない。ちなみに、ニューヨークのメトロポリタン歌劇場では、公演初日から千秋楽まで、全配役に代役が控えている。代役として雇われるのは、多くの場合、若手の歌手たちであるが、役を与えられた歌手よりもやや資質的に劣る歌手たちという場合もある。いずれにせよ、彼らに支払う給料は、劇場にとってかなりの負担になる。しかしヨーロッパでは、事情が異なる。歌手が急病になったとき、ただちに、その役を演じられる歌手を探し始める。たとえば、パリのバスティーユでその日の晩に演じてもらうのに、ケルン、ハンブルク、ロンドン等に住んでいて、しかも、飛行機ですぐに駆けつけられるような歌手に声をかける。もちろん、その演出を研究しようにも、歌手にはほとんどその時間がない。それゆえ、演じられることの少ないオペラや、特殊な演出の場合、歌手は、かなり具合が悪くても、舞台に上がる。もしその歌手がどうしても舞台に上がれないような状態であれば、演出家のアシスタントが代わって舞台に出る。歌のほうは、代役が黒子となって、舞台の袖の暗がりで歌うのである。

聴衆

それぞれのオーケストラがめいめいに音の個性を持っているように、それぞれの時代、それぞれの歌劇場にも、それぞれの聴衆がいる。バロック時代から十九世紀後半まで、聴衆が歌劇場に来るのは、音楽を聴くためだけではなかった。彼らは歌劇場で、人に会ったり、互いに紹介し合ったり、政治活動を行なったりもしたのである。しかもときには、食事をしながら、ということさえあった。そうした聴衆の習慣を変えたのは、リヒャルト・ワグナーである。彼は、バイロイト音楽祭を創設した際、上演中はホールを真っ暗にすることに強くこだわり、その結果、聴衆は、まるで礼拝のために教会を訪れるように、ひたすらこの作曲家の作品を聴くためにだけ、音楽祭を訪れるようになったのである。この伝統は、いまも変わらず続いている。バイロイトの観客は、いずれも熱烈なワグナー崇拝者たちであり、毎夏、変わらぬ熱情をこの作曲家に捧げる。一方、ザルツブルク音楽祭は、観客のなかには企業の社長や政治家たちも多く、昔の歌劇場のしきたりを引きずっているようなところがある。聴衆がオペラに何を期待するかは、国によって異なる。イタリア人は、ヴェルディとプッチーニを熱愛し、偉大な歌手を好む。イタリア人が歌手に寄せる期待は、他のどの国よりも大きい。ミラノ・スカラ座の舞台で、マリア・カラスは、さまざまな困難に直面しながらも、文字通りの勝利を収めた。ウィーンの聴衆は、作品の演劇性にとりわけ関心を持つ。アメリカ合衆国では、聴衆をあっと言わせるような超現実的演出による〈ビッグショー〉が好まれる。

歌手たち、オーケストラの団員、オーケストラ指揮者は、つねに聴衆の存在を肌で感じているが、聴衆がその都度どんな反応を示すか、それを予測することは非常にむずかしい。二〇一二年に、私がロバート・ウィルソン演出によるドビュッシー作『ペレアスとメリザンド』の再演を指揮したとき、客席はしんと静まりかえり、最初は心配だったが、やがて聴衆が集中して聴いてくれているのだということが分かった。逆に、聴衆の注意が散漫になっていることが感じられる場合は、スペクタクルの均衡が崩れてしまいかねない。演奏家たちが動揺してしまうからだ。私たちはできるだけ多くのものを聴衆に与えようとする。聴衆がそれを素直に受け入れてくれると、今度は聴衆のほうから私たちにエネルギーが送り返されてくる。最良の上演では、こうした奇跡とも言うべき真の交流が生まれるのだ。

ディーヴァ

ディーヴァ、あるいはプリマ・ドンナは、オペラ界の神話的人物である。魅力たっぷりで、コンサート、録音、盛大なガラを席巻する女性歌手の姿が思い浮かんでくる。文字通りのスターであり、現代ではおそらく、マリア・カラスがその典型である。こうした大歌手たちの〈スター化〉の現象は、レコード時代に顕著になったとはいえ、ずっと昔から見られたものである。その昔、カストラートたちは王宮に迎え入れられたほどだ。彼らの驕りを、自分だけ目立ちたがるその独善を、非難する誹謗文書が出回ることもあった。「ディーヴァ」という言葉には、現在でもそうしたニュアンスが多少残っており、やや気まぐれで自己中心的な歌手を意味することもあるようだ。

だがじっさいは、歌手というキャリアで成功を収めるには、厳しい練習を重ねるとともに、世界中を飛び回って修行を積む必要がある。優れた技術を持ち、心身ともに健康に恵まれているだけで、成功できるというわけではない。強い個性、特徴的な顔立ちも必要である。戦後の一時期、歌手の美声がすべてに優先された。しかしオペラでは、劇的表現力と容姿がますます重要視されるようになっている。声に多少の欠点があったとしても、たとえばドン・ジョヴァンニの謎めいた強烈な人物像にうってつけのカリスマ性を備えた歌手がいたとすれば、演出家は彼を放っておかないだろう。偉大なオペラ歌手は、人並み外れて個性的な声に加えて、役者としての真の才能を持っており、たいていの場合、「ディーヴァ」という言葉の持つネガティブなイメージとはほど遠い存在である。プラシド・ドミンゴやルネ・フレミングのような芸術家が世界的名声を勝ち得たのは、その類まれな才能だけでなく、舞台上での柔軟な即応力があったからである。

定期会員

二〇一一年から一二年のシーズン中、パリ・オペラ座において、定期会員が占めた座席数は、チケットの総販売数の二十九パーセントを少し下回っている。もちろんこの数字は、定期会員たちと歌劇場とを結ぶ特別な関係について、何も語ってはいない。ホールの座席の大半が窓口でのチケット購入者で占められるような場合、私たちはその熱い雰囲気を敏感に感じ取る。反応がより自然であり、観客が素直に自分の感情に従っていることが、じかに伝わってくる。その反面、彼らはオペラ独特の流儀にはあまり通じていない。一方、定期会員は皆、年季の入った愛好家たちである。しかも、何かと気むずかしい。彼らは、歌劇場の変遷を長年見守り続けてきただけに、批判意識が旺盛である。プログラムの構成、配役、オーケストラ指揮者や演出家の解釈などについて、彼らはそれぞれに一家言を持っている。

観客が定期会員になってくれるのは、歌劇場のすべての関係者にとって、大いに誇らしいことである。それは、自分たちの仕事が観客を満足させた証しであるとともに、劇場の財政基盤を安定させることにも通じる。歌劇場をしっかりと支える定期会員の存在は、いまの時代、じつに貴重である。この数十年のあいだに、文化享受のあり方がすっかり変わってしまった。各人が、めいめいの流儀で文化を享受し、しかもつぎつぎに新しい刺激を求め続けている。こうした時代の変化にたいして、定期会員という制度は、多少の改善は可能だとしても、いかにも柔軟性に欠けると言わざるをえない。この方法で観客をつなぎとめるのは、ますますむずかしくなってきている。

『トラヴィアータ（椿姫）』

ジュゼッペ・ヴェルディの長く、しかも波乱に富んだ人生は、いくつかの時代に分けることができるだろう。一八五〇年代までは、主に経済的理由から、多くの作品を書きまくった。しかし、この時代の作品からも、すでに特異な霊感、まったく独創的な舞台感覚がうかがわれる。それから、一八五一年から五三年のあいだに、三つのオペラを書いた。『リゴレット』、『トロヴァトーレ』、そして『トラヴィアータ』である。それぞれ、描いている時代も環境も異なるが、いずれも、社会の周辺に生きる人物を取り上げている。リゴレットはせむしであり、『トロヴァトーレ』の主人公マンリーコはジプシー社会に属する。そしてヴィオレッタは〈トラヴィアータ〉、すなわち堕落した女、娼婦であり、彼女は、当時の社会的慣習のために、愛する人を諦めねばならない。アレクサンドル・デュマ（フィス）の『椿姫』から想を得たこの悲恋物語をオペラ化するのに、ヴェルディは三人の人物に焦点を絞った。アルフレード・ジェルモンと彼の父は、それぞれテノールとバリトンが演ずる。そしてヴィオレッタ。作曲家は彼女を、あまたのレパートリー作品を通じて、もっとも美しいソプラノ役に仕立て上げている。彼女のパート譜には、ベル・カントの伝統に基づき、超絶技巧を必要とするパッセージが多く含まれている。ヴィオレッタを演ずる歌手は、幅広く多様な劇的表現力を身につけていなければならない。じっさい、このヒロインは、愛する幸福から悲劇的な結末にいたるまで、非常に多様で、しかも極限的ともいえるさまざまな感情を味わい尽くさねばならないのだ。ヴェルディは、親密でくつろいだひととき、深い真情の吐露、そうした場面と、第二帝政時代のパリ社交界で繰り広げられる合唱の華やかな場面とを、絶妙なバランス感覚で、交互に配置する。こうした地方色豊かな風俗シーンは、イタリアの偉大な伝統に連なるものである。たとえばフェリーニ〔イタリアの映画監督、脚本家、一九二〇～一九九三〕の映画にも、これに近いコントラストの妙を見出すことができるだろう。つまり、もっとも大きな悲劇は、もっとも華やかな宴の最中に起きるということである。

『トリスタンとイゾルデ』

リヒャルト・ワグナーとジュゼッペ・ヴェルディは、ともにロマン派の時代をリードした巨匠であるが、ふたりの音楽様式、それに美学的野心も、大きくかけ離れていた。ワグナーには絶対への希求があり、彼にとって、オペラは諸芸術が融合する総合スペクタクルでなければならなかった。ワグナーのオペラは、歌手にとっても、オーケストラ指揮者にとっても、さらには観衆にとってさえ、文字通りのマラソンである。しかもそれは、上演時間の長さのためというよりも、作曲家が絶えず観客の期待の裏をかこうとするからである。それはとりわけ、一八五七年から五九年にかけて作曲された『トリスタンとイゾルデ』にはっきりうかがうことができる。ノスタルジックな愛に結びついたライトモチーフは、それまで西洋音楽を特徴づけていた調性原理を破壊している。ワグナーは、ひとつの調性から他の調性へと絶えず揺れ動きながら、カデンツ〔楽曲や楽句の終結部を形成する一定の和声進行〕を挿入する。作曲家は、ひとつのフレーズが終わりそうに思われるところを、巧みに引き延ばしながら、それに新たな推進力を与える。かくして、オーケストラが生み出す力強い音楽の波に、聴衆ははるか遠くまで運び去られる。この大胆な作曲法こそ、より伝統的なカデンツを用いるヴェルディとの大きな違いである。同様にまた、ふたりはオーケストラにまったく異なる役割を与えている。ヴェルディの場合、オーケストラは歌の伴奏に甘んじ、歌がすべてに優先される。ところがワグナーの場合、オーケストラと歌はひとつに溶け合うのである。このふたりの作曲家は互いに称賛の念を抱いていたとはいえ、そこには不信、さらには嫌悪すら混じっていた。だが両者とも、オペラをブルジョワの娯楽以上の芸術にすべく努力したことには変わりない。

配役

オペラの配役は上演のかなり前に決まる。たとえば、オペラ・バスティーユで二〇一三年十月に新制作で上演された『エレクトラ』の場合、配役を考え始めたのが二〇〇九年、最終的に決定したのが二〇一〇年末であった。配役については、私も音楽監督として、提案したり、意見を述べたりする。とりわけ、私自身が指揮する演目の場合は、真剣にならざるをえない。しかし、配役を最終的に決めるのは総監督と企画部である。

何世紀にもわたって、作曲家たちは、役を演じる歌手を念頭に置いて、オペラを作曲したものである。ヘンデルは、そればかりか、王立音楽アカデミーの興行請負師として、ヨーロッパ中を巡り、客を呼べる有名な歌手をロンドンに招こうとした。今日では、上演されるのは主にレパートリー作品なので、配役の決め方も昔とは違っている。主役級の配役には、声の取り合わせを考慮しながら、国際舞台で活躍している何人かの名前を思い浮かべる。ちょうど調香師が香水を調合するときに、複数の香料をうまく組み合わせるように、声の響きのバランスをとらなければならない。もしそれらの歌手のスケジュールが空いていれば、客員芸術家として招き、主要な役を演じてもらうことになるだろう。それほど重要ではない役については、歌劇場がオーディションを行なうか、アトリエ・リリックなど若手芸術家養成プログラム出身の若い歌手を選ぶ。配役が決まり、いよいよ稽古が始まると、オーケストラ指揮者は、それぞれの歌手たちの声の調和を心がけて練習を重ねる。もちろん、歌手ひとりひとりの個性を尊重しながらではあるが、それぞれの声の響き、ヴィブラート、母音の歌い方などが、二重唱その他の重唱で、うまく溶け合うようでなければならない。ここでもまた、すべてはバランスの問題である。

バレエ

オペラの本なのに、どうしてバレエの話を？ そのわけは、ルイ十四世の時代以来、両者を結びつけるのがフランスの伝統だからである。ジャン＝バティスト・リュリは最初、王のために舞踊音楽を作曲し、王のお気に入りの作曲家になった。それから、モリエールと組んで、コメディ・バレエ〔音楽と舞踊を取り入れた一幕芝居〕を創案した。そしてついに、一六七三年の『カドミュスとエルミオーヌ』によって、オペラ作曲家になった。リュリは、この生まれたばかりの芸術に音楽悲劇〔「悲劇オペラ」

とも言う〕というきわめてフランス的な形式を与えることによって、イタリアの影響を脱した。音楽悲劇の特徴のひとつは、筋の展開のなかにバレエを織り込むことで、十七世紀以降のフランス・オペラにもしばしば見られる。一八四五年にドレスデンで初演された『タンホイザー』を一八六一年にパリで上演するのに、ワグナーはこの作品に手を入れなければならなかった。それにもかかわらず、バレエを、伝統に従って二幕の真ん中に置かず、第一幕の最初に置いたことで、パリジャンたちは彼を許さなかった。当然のことながら、上演は不評だった。

このフランスの伝統は、別の形でも、今日まで伝わっている。パリ国立オペラという同一組織内で、オペラとバレエの上演を並行して行なっていることもそのひとつである。もちろん、オペラとバレエはまったく別の世界である。ただオーケストラの演奏者たちだけが、双方の舞台で演奏することで、両者を結びつけている。年間の上演回数は両者ともほぼ同じで、二〇一一年ではそれぞれ一七〇から一八〇のあいだであった。この釣り合いがフランスの特性である。たとえば、ニューヨークのメトロポリタン歌劇場には、オペラの舞踊シーンのための小さなコール・ド・バレエ〔群舞を担当するダンサーたち〕しかない。というのも、ここでは純粋なバレエ作品は上演しないからだ。バレエを上演するのはニューヨーク・シティ・バレエ団〔同じリンカーンセンター内にある〕である。

版

どの版を選ぶかという問題は、とりわけ複数の版が存在する作品に取り組む場合には深刻になる。一九六〇年代からバロック音楽の再発見に大きな役割を果たしてきた、かの偉大なるニコラウス・アーノンクールは、作曲者自身の手稿譜を研究するようになった最初のオーケストラ指揮者のひとりである。私自身も、手書きスコアの複製をじっくり眺めるのが好きである。作品完成にいたるまでの作者の心理的プロセスをつぶさに読み取ることができるからだ。作者が作品に込めたエネルギーすら感じられる。このパッセージはすらすらと流れるように浮かんできただろうとか、反対にこのパッセージは、長い辛苦の賜物で、何度も書き直されているとか……。しかし、そうした要素は、印刷された版では、きれいさっぱり消え去っている。

スコアの初版に目を通すこともとても有益で、多くの情報が得られる。作曲家の加筆やコメントを読み取ることができるからだ。オーケストラ総譜であれ、ピアノ伴奏の声楽パート譜であれ、最初の演奏家たちのメモ書きもたいへん役に立つ。そこには、初演に際して、演奏者に与えられた解釈上の指導やアドバイスが反映されているはずである。もちろん、異なる資料を比較参照することによって、矛盾が明らかになったり、未解決の問題に直面したりすることもある。その場合は、作曲者の意図にできるだけ忠実であるよう努めながら、ひとつひとつよりよい解決法を選んでいくほかなく、それはかなりたいへんな仕事である。幸いなことに、一九六〇〜七〇年代から、大手音楽出版社がレパートリー作品の原典版を相次いで出版するようになり、そこには詳細な注解が付され、校訂作業についても明確に説明されている。こうした厳密な音楽学的アプローチは、より正しく、しかも音楽的にも満足のいく演奏を目指す私たちにとっても、非常に貴重である。それによって私たちは、解決すべき重要な問題に直面するとともに、ときには正しい答えを見出す場合もあるからである。

伴奏

オペラの起源は、何よりもまず、会話による芝居にあったから、楽器が自立した地位を獲得し、台本のテキストを歌う声と同等に、ドラマを展開する牽引力となるまでには、かなりの時間を要した。その歴史は、けっして単純なものでなく、さまざまな曲折を経ている。オペラというジャンルが誕生して間もなく、モンテヴェルディは『オルフェオ』において、早速、オーケストラの音色の使い方に驚くべき直感力を示している。それに続くバロックの時代になると、偉大な作曲家たちは、さまざまな楽器の表現力を自在に駆使している。さらに十八世紀になると、モーツァルトが、オーケストラに真の意味での語りの役割を担わせている。じっさい、彼のオペラでは、純粋に音楽的な方法によって、登場人物の心理に深みが与えられ、場合によっては複雑さも増している。ロッシーニとその後継者たち、すなわちベッリーニ（一八〇一～一八三五）、ドニゼッティ、そして若きヴェルディもまた、モーツァルトが切り開いた道を踏襲した。〈ベル・カント〉の信奉者である彼らは、とりわけ声を重視しているとはいえ、そのオーケストレーションにも格別の繊細さと柔軟さが見られる。この時代、さらには十九世紀末に至るまで、オーケストラは、規模が大きくなると同時に、多様化した。たとえばロマン派の時代には、好んで打楽器を組み入れている。ワグナーのオペラでは、オーケストラは、最初から最後まで、まさにフル演奏している。「無限旋律」というのは、違った曲をいくつも積み重ねるのではなく、ひとつの旋律線を延々と繰り広げていくものである。この旋律のうねりは、多様に変化する音色とともに、楽器の響きの豊かさで、聴衆を圧倒する。

私自身についていえば、バロック音楽よりも、こうしたタイプのスコアを指揮することが多かった。伴奏の役割は、もっぱら楽器奏者たちが担うものと思われがちだが、指揮者の解釈がそれだけ容易になるというわけではない。むしろ逆で、声の旋律線を引き立たせるためにも、伴奏には細やかさが要求されるし、またつぎつぎに歌われる曲がどれも同じに聞こえてしまわないように、その都度、創造性も要求される。伴奏は、みずから節回しや躍動感を探り当てていかねばならないのだが、そうした節回しや躍動感は、ワグナーやシュトラウスのオーケストラのうねりのなかに、とりわけはっきり表われているように思われる。

ピット

ピットを備えた世界最初の歌劇場は、一六二八年に創建されたパルマのテアトロ・ファルネーゼだったようだ。しかし、オーケストラがピットに入って演奏するようになったのは、オーケストラがかなり大規模なものになってからのことである。このように、演奏形態の変遷に伴い、演奏される場所も変わっていくのであって、両者は密接な関係にある。ロマン主義時代のふたりの偉大な作曲家、ヴェルディとワグナーは、オーケストラをピットに入れることにこだわった。それによって、観客の注意を舞台に集中させることができるからである。

今日、規模の大きな歌劇場はすべてピットを備えているが、舞台にたいしてピットの高さをどの程度にするかはまちまちである。個人的に言えば、私は比較的高いほうを好む。たとえばウィーン国立歌劇場がそうである。歌手たちは、自分たちの声がオーケストラの音に負けてしまうことを恐れて、あまりそれを好まないようだが、オーケストラからすれば、歌手の声をよく聞き取ることができる。そのため、声のニュアンスに柔軟に反応でき、歌手たちに無理をさせないですむ。これくらいの高さのピットは、「モーツァルト仕様」とも言われ、バロックや古典派の中規模の合奏形態にとりわけふさわしい。私は、客席より十センチないし十五センチ低い床面にオーケストラを置き、しかも、ときには客席とオーケストラのあいだにある仕切りを取り払って、モーツァルトのオペラを指揮したことが何度もある。こうした室内楽的雰囲気から生まれる音響的および視覚的効果は絶妙であった。

とはいえ、もっとも魅力的なオーケストラ・ピットと言えば、ワグナーが考案したバイロイトのそれで、ときに「神秘の深淵」と呼ばれる。このピットは、大半の部分が舞台の下に入り込んでいるため、オーケストラは客席からまったく見えない。しかも、普通の場合と違い、床面はフラットではなく、後ろにいくにしたがって下がっている。指揮者は一番高いところにいて、演奏家たちはしだいに下がって行く階段席に配置される。一番低いところでは、舞台面から三メートルも下になる。ここでは、ほかにも面白いことが見られる。たとえば、演奏者たちはまったくラフな格好をしているし、また電話が備えられており、オーケストラ指揮者は、それを使って、アシスタントたちと連絡を取ることができる。こうした工夫によって、何よりも、信じがたいほどの音響効果が生まれ、圧倒的な印象を観衆に与える。

『フィガロの結婚』

モーツァルトはオペラのジャンルでも多くの傑作を生み出したが、なかでも、一七七八年に書かれたボーマルシェの同名の戯曲をもとに、一七八六年に作曲した『フィガロの結婚』はまさに天才的な作品である。私はこのオペラのすべての登場人物が好きだ。人間の魂を熟知しているモーツァルトは、彼らのひとりひとりを、魅力たっぷりでありながら、はがゆさをも感じさせる人物として描き、めったに見られない心理的厚みを彼らに与えている。紋切型が完全に払拭され、複雑で謎めいた感情が交錯し、血肉を備えた人物たちが躍動する。観客は、スザンナの裏切りを一瞬信じ込んだフィガロが嘆くときには、ともに嘆き、あの傲慢な伯爵にフィガロが憤慨するときにも、いっしょになって憤慨するだろう。モーツァルトは、急進思想の持ち主ではまったくなかったが、このオペラでは、貴族階級と衝突する一介の従僕、市井の人をあえて主人公にしている。フランス大革命が勃発する数年前のことで、ヨーゼフ二世治下のオーストリアでこれを上演に漕ぎつけるのは、けっして容易なことではなかった。

しかし、『フィガロの結婚』の革新性は、大胆な主題だけにとどまるものではない。美学的に見ても、このオペラはこのうえなく豊かな内容を備えている。たとえば、第一幕はまさに天才業である。七人の登場人物が複雑なプロットで互いに絡み合い、しだいに舞台が高揚していくが、ここには、劇作法の観点からしても、完璧な腕の冴えが見られる。さらには最後の大団円の場面も、その大胆さとみごとな腕さばきで観客を驚かせる。ワグナー流の楽劇を先取りするような形で、モーツァルトは、ひと幕全体を、レチタティーヴォもなく、まったく切れ目のないオーケストラの連続演奏で押し通している。かくして『フィガロの結婚』は、一同が「めでたく」和解する場面で、晴れやかに終わる。

それから一年も経たないうちに、モーツァルトは、『フィガロの結婚』の暗黒編ともいうべき『ドン・ジョヴァンニ』を世に問うた。このオペラでも、モーツァルトは愛や階級問題を取り上げているが、フィガロはレポレッロになり、伯爵はドン・ジョヴァンニに姿を変え、狂おしいばかりの享楽追及の果てに、奈落の底に落ちていくことになる。

オーケストラ指揮者にとっても、歌手にとっても、演出家にとっても、モーツァルトのオペラを演ずることは至難の業である。音程、フレージングにおいて、信じがたいほどの正確さを要求されるが、それは、ひとつひとつの音が全体のハーモニーの中にぴたりと収まっているからである。しかしその一方で、音の正確さばかりを追求すると、音楽の生き生きした躍動感、登場人物たちの深い人間性をうまく表現できないままで終わってしまうこともある。

フィナーレ

『フィガロの結婚』第二幕のフィナーレが作品のクライマックスのひとつだとすれば、最終幕のフィナーレは、さらにその先を行く。モーツァルトは、じつにみごとな手並みで、このオペラを終わらせている。二十分ものあいだ、レチタティーヴォはひとつもなく、いくつもの重唱がうねるように繋がっていく。伯爵の心は、わずか数分のうちに、憎しみに満ちた激しい怒りから、このうえもなく謙虚な悔い改めへと変わっていく。第二幕のフィナーレでいやがうえにも高まった緊張感が、ここで一挙に解消する。かくして、登場人物全員が、穏やかな安らぎのうちに、赦しの美徳を歌い上げると、ようやく訪れた結婚のお祝い気分を、ふたたび陽気になった弦楽器の調べが盛り立てながら、幕が下りる。オーケストラの途切れることなく続く旋律線が、この終幕に滑らかな流動性をもたらしているが、それから一世紀後、ワグナーはこうした流動性を彼のオペラ全体に押し広げた。十九世紀になると、オペラ・ブッファだけでなく、あらゆる種類のオペラで、フィナーレが置かれるようになった。ロマン派の作曲家たちは、劇的リズムの急激な変化を巧みに利用する。最初、劇は急速に展開するが、やがて動きが止まり、たいていはソリストと合唱が一体となった大合唱が、皆が共有するひとつの考え、ないしは情念を歌う。最後にふたたび舞台が動き出し、際立って劇的な行為がなしとげられ、緊張が最高度に達したところで、幕になる。ヴェルディの『オテロ』では、デズデーモナを殺害した直後に、主人公はイアーゴの陰謀を知る。妻の遺体に身をかがめながら、オテロは絶望を歌う。だが、金管楽器が鳴り響くと、ふたたび劇が急展開し、オテロは短剣で自分の胸を刺す。夫婦のまわりにいる登場人物たちは、恐れと驚きを露わにする――「恐ろしいこと！」息絶え絶えになりながらも、オテロの口から最後に洩れるのは、やはりデズデーモナに呼びかける言葉である。彼は、虚しく接吻を求めて、妻の腕のなかで息絶える。「口づけを……、もっと口づけを……、ああ、もう一度口づけを……」。

普及

イタリアで生まれたオペラは、しだいに全ヨーロッパに普及し、国ごとに独特の発展をとげた。フランスでは、ジャン＝バティスト・リュリが初のフランス語オペラを作曲し、生まれたばかりのこの芸術にフランス的性格を付け加えた。ドイツでは、長いあいだ、イタリア・オペラが席巻していた。十八世紀末、皇帝ヨーゼフ二世は、ウィーンのブルク劇場を、ドイツ独特の対話と歌からなる形式、つまりジングシュピール専用の劇場とした。モーツァルトは、このジャンルでも、ふたつの傑作を生み出している。一七八二年にブルク劇場で初演された『後宮からの誘拐』、それに一七九一年に作曲された『魔笛』である。しかし、真の意味においてドイツ国民オペラが誕生したのは、カール・マリア・フォン・ウェーバー（一七八六〜一八二六）が一八二一年に作曲した『魔弾の射手』によってであり、とりわけロマン主義の到来が大きく影響している。そのドイツ国民オペラが頂点に達したのは、リヒャルト・ワグナーの諸作品においてである。もっと一般的に言えば、オペラは、十九世紀の全ヨーロッパ、ことに東欧において顕著であった国民意識の目覚めとその高揚に連動して発展したのである。その代表的な作品として、チャイコフスキーの『エフゲニィ・オネーギン』、モデスト・ムソルグスキーの『ボリス・ゴドゥノフ』などのロシアの作品、あるいはレオシュ・ヤナーチェクの『イェヌーファ』などのチェコのオペラを挙げることができるだろう。また同じ頃、ヨーロッパの偉大な芸術家たちが北米と南米で定期的に舞台に立つようになり、その影響で、さまざまな音楽ジャンルがつぎつぎに誕生していく。合衆国では、とりわけオペレッタが流行し、二十世紀には、それがミュージカル・コメディとなる。

今日、オペラの新天地はどこだろうか。もっとも有望なのは、アジアだろう。三十年ほど前から、日本人はクラシック音楽とオペラに情熱を傾けてきた。一昔前であれば、日本人歌手といえば『蝶々夫人』と相場が決まっていたが、最近では、それ以外の役が与えられる歌手たちが育っている。中国の北京では、二〇〇八年に中国国家大劇院が建てられた。こうした現代的かつ野心的な建物で上演されるオペラは、より多くの観客を感動させるとともに、新たな愛好家たちをも魅了するにちがいない。

舞台

歌劇場の舞台面（plateau）は、歌手が歌い、舞台装置が置かれる場である。厳密に言えば、その名〔plateau には台地、高原という意味がある〕の通り、広い平面である。その平面の観客からもっともよく見える部分が主舞台である。オペラ・バスティーユでは、主舞台は、付属する五つの舞台に取り囲まれている。付属の舞台はそれぞれ、主舞台と等しい面積を有する。それらの舞台に、さらにふたつ目の奥舞台が加わるが、こちらは舞台装置を保存しておく場所である。これらのがらんどうの空間があるおかげで、複数の演目を交互に上演するシステムがうまく機能する。そのほか、サル・グノーという、オーケストラ・ピットまで備えている稽古場があり、その面積は五千平方メートルに及ぶ。舞台装置一式に含まれるのは舞台の床面だけでなく、奈落（そこから登場人物や舞台装置がせり上がる）と裏天井（すなわち舞台上部の空間）も、その一部である。そして、これらを合わせた全体が「舞台のかご」と呼ばれる。しかし、何でも自在に創造できるこの空間を言い表わすのに、私は、もっと詩的に、「魔法箱」という言葉を使いたい気がする。

以上でお分かりのように、観客に見えるのは舞台全体のほんの一部分でしかなく、見えない舞台裏では、もうひとつ別のスペクタクルが繰り広げられる。そうした準備作業を経てようやく、舞台装置を総動員した上演が始まる。私にとって、オペラの楽しみとは、聴くこと、見ることだけではなく、「舞台がどのように創られていくか」を知ることでもある。

舞台監督

オーケストラ指揮者が、スペクタクルの最初から最後まで演奏にかかりっきりなのと同様、舞台監督も、上演中、一瞬たりとも自分の〈譜面〉台を離れることはない。そもそも、両者の仕事は似通っている。舞台監督――「ステージ・マネージャー」とも呼ばれる――は、技術面でのあらゆる仕事を監督する。スペクタクルの進行全体を統括していると言ってもよい。彼は舞台近くのコントロール・ルーム（バスティーユでは、舞台袖の奥まったところ、舞台の上手にある）にいて、モニターを見ながら、指揮者の動きと舞台の進行を追っている。周囲はいつもざわついているが、彼自身は数時間ずっと神経を張りつめていなければならない。幕が上がる前から、カウント・ダウンして、上演開始に備える。指揮者にピットに入るタイミングを指示し、上演開始を告げる。歌手、演奏者、合唱が舞台に上がるときには、その都度、彼らを呼び出す。舞台装置、照明、小道具などを変えるとき、また舞台の幕の上げ下ろしにも、細かく〈合図〉を送る。休憩をとってしかるべき幕間にも、舞台監督は時計から目を離さない。このように、彼の仕事は厳密な正確さが要求される。彼の技術的〈スコア〉は、音楽のスコアに合わせて決められている。すべての舞台効果――照明を変えたり、舞台に小道具を置いたりする――は、秒刻みで行なわれ、しかも、それらが互いにうまく調和するよう、気を配らなければならない。舞台監督がいなければ、スペクタクルそのものがめちゃくちゃになってしまうだろう。

上演が終わるごとに、舞台監督はレポートを作成し、注意事項や発生したミスなどを記す。

舞台装置

舞台装置の構想は、その段階に応じて、担当者が変わっていく。企画制作を統括する演出家は、舞台の美術面を検討するためのチームを編成する。このチームの中心は舞台設計家である。舞台装置を具体的に作り上げていくには、時間と組織を必要とする。そのため、舞台設計家は、かなり早い段階で(パリ・オペラ座では公演初日の一年前)、舞台装置の模型を提示しなければならない。もちろんその際、予算的および技術的制約を十分考慮に入れておく必要がある。オペラ・バスティーユでは、上演中の複数の作品の舞台装置を同時保存しておくことができる。ただし、限られたスペースに収納できるとともに、数時間で組み立てられることが条件となる。舞台装置の構想が固まると、つぎは技術ディレクターが、チームの助けを借りながら、制作の全過程を監督する。パリ・オペラ座では、そのための研究所があり、技術的問題を解決したうえで計画を立て、それに従って、各専門技術者がそれぞれの工房で仕事をする。作品の上演後も、つぎのシーズンでの再演が見込まれるときには、舞台装置はそのまま保存される。反対に、レパートリー作品が新演出になると、古い舞台装置はたいてい廃棄される。

舞台装置の模型のプレゼンテーションには、私も参加して意見を述べるが、もちろん、音響効果の問題が中心である。指揮者としてデビューして間もない頃は、木材のようなしっかりした素材を用いて作った密閉型の舞台装置を好む傾向があった。舞台の上部が裏天井に吹き抜けになっていると、そこから音が漏れてしまう心配があったからである。しかしオペラ・バスティーユでは、劇場そのものも大きいし、舞台の床面もかなり広いにもかかわらず、舞台が空のときのほうが、音がよいことに気づいた。二〇一二年の春、ロバート・ウィルソン演出による『ペレアスとメリザンド』を指揮したが、私は大満足だった。舞台装置は極度に切り詰められ、しかも舞台前面に配置されていたのだが、音響効果は抜群だったのだ。

舞台配置

オペラにおける舞台配置は、視覚性だけではなく、音響性も考慮しなければならない。オーケストラ指揮者と演出家では、舞台へのかかわり方が異なる。指揮者にとって、歌手の理想的な位置は前舞台である。歌手から指揮棒がよく見えるし、歌手の声が客席によく届く。また観客のほうでも、歌手の顔や表情をじっくり見ることができる。一方、演出家は、舞台空間を目いっぱい使いたいと思っているので、歌劇場のかなり広い舞台の隅から隅まで、登場人物たちを縦横に動かそうとする。

二〇一二年六月にオペラ・バスティーユで、マルコ＝アルトゥーロ・マレッリはリヒャルト・シュトラウスの『アラベラ』を演出したが、彼の演出法は、オペラ作品の上演において舞台配置がいかに重要であるかを教えてくれる。このオペラ作品は親密な雰囲気を基調にしており、登場人物たちが出会うのは応接間や玄関ホールである。マレッリは、技術者の力を借りて、舞台装置に工夫を凝らし、前舞台に歌手を配置することで、観客に歌手たちが身近に感じられるようにした。

オペラにおける舞台配置の方法は、この三十年間で大きく変わり、登場人物たちが、まるで絵に描かれたように、一列に並んでじっと動かずにいるといった演出はもう見られない。いまや演出家は、客席と舞台との交流を演出しようとする。客席と舞台の交流が、もともと作品自体に設定されている例はすでにいくつかあった。たとえば、アルバン・ベルクの『ルル』では、プロローグで、猛獣使いに扮した劇場支配人が観客に前口上を述べる。それを今度は、演出家のほうで演出するわけである。チューリッヒでジャン＝ピエール・ポネルが演出したモーツァルトの『魔笛』の舞台装置は、客席と舞台との交流という切り口で作品を解釈する可能性を示して興味深かった。舞台からピットを取り囲む形で通路が延びており、歌手たちは観客と演奏者たちのあいだで歌うことができたのである。

プログラム

ひとたび公演が終わってしまうと、観客に残されたものはプログラムだけである。プログラムは、通常、上質の紙に印刷され、一〇〇ページをやや超すほどの分量の美しい冊子である。パリ国立オペラでは、プログラムを企画し、刊行するのは文芸顧問の仕事である。プログラムを企画する文芸顧問は、それゆえ、上演に関する情報を提供するというよりも、作品そのものの内容を理解してもらうよう努めることになる。演出家やオーケストラ指揮者が自分の考えを述べるには、「オペラ通信」とかインターネットのサイトとか、別の表現の場が用意されている。プログラムでは、今回の上演に際しての特別な解釈について解説するというよりも、たとえば、ヴェルディやシュトラウスのオペラ作品が作られた社会的・歴史的文脈や美学的背景を喚起することに重点が置かれる。それゆえ、プログラムに掲載される資料には、情報提供ないし教育的性格を持つものもあれば、詩的ないし哲学的性格を持つものもある。『アラベラ』は一九二九年から三二年にかけて作曲されたリヒャルト・シュトラウスのオペラであるが、台本は詩人・劇作家のフーゴ・フォン・ホーフマンスタールによる。パリ国立オペラで二〇一二年に上演された際に作られたプログラムでは、二十世紀初頭のウィーンの街の様子を伝える文と並んで、当時のウィーンの作家たち、たとえばアルトゥール・シュニッツラーやホーフマンスタール自身のテキストも掲載されている。また過去の代表的演出の写真とともに、初演当時のまさにモダン・アート風の構想画を見ることもできる。

公演用のプログラムには、かならず配役の一覧表が添えられている。それに加えて、公演に加わった芸術家たち――演出家から演奏家、オーケストラ指揮者、さらには舞台背景の企画立案者まで――

の名前も掲載されている。ときには、作品の台本がそっくり添えられていることもあり、原語によるものと、上演される国の言語によるものが並べられている。そのため、プログラムを作る際に、台本が新たに翻訳されることも多い。

こんなふうにプログラムは、上演が終わったあとも、観客がオペラの余韻を楽しむよすがとなる。

プロンプター

歌手たちはすべての場面に登場し続けるわけではない。ところが、オペラ全体を通して、いわば出ずっぱりの人物がいる。プロンプターである。ただし、パリ国立オペラにはいない。フランスでは、プロンプターの伝統がないからだ。けれども、パウル・ヒンデミット（一八九五〜一九六三）の『画家マティス』のようなやや特異な作品の場合は別で、この作品が二〇一〇年にオペラ・バスティーユのレパートリーに入った際、バリトン歌手マティアス・ゲルネはプロンプターを要求した。彼の演ずる役柄が複雑で台詞も長かったからである。イタリアやドイツでは、プロンプターの仕事はもっと普及している。プロンプターの役割は、とりわけレパートリー劇場で重要視されている。同じひとつの歌手団（アンサンブル）が違った作品をつぎつぎに上演するため、練習時間が十分にとれないからである。〈スタジオーネ〉のシステムで動いているアメリカの歌劇場では、また〈セミ・スタジオーネ〉のパリ国立オペラでも、歌手たちは練習の時間をたっぷりとれる。しかしそれなりの問題もあって、ホールが大きく、ピットも広いので、オーケストラ指揮者は舞台からかなり遠くに位置することになる。したがって、誰かが指揮者の指示（出だしやテンポなど）を中継して歌手たちに伝える必要が出てくる。プロンプターがこうした仕事をすることもある。

オペラのプロンプターになるには、それなりの専門知識が必要である。イタリアでは *maestro suggeritore* アメリカでは *prompter* と言われるこの仕事に就くには、しっかりした音楽的修養を積んでいなければならない。それゆえ、歌唱コーチが掛け持つことも多い。じっさいプロンプターは、台詞をこっそり歌手に伝えるだけでなく、指揮もする。できるだけ背景に溶け込んで目立たないようにしつらえたボックスに入り、譜面台にスコアを置いているばかりか、モニター画面も備え、指揮者のタクトを追ったり、オーケストラの音の響き具合を確かめたりもできる。プロンプターが入るボックスの位置は舞台の中央が理想的である。ボックスの向きによって、プロンプターが指示する言葉は、歌手たちにはしっかり伝わるが、ホールでは聞こえないからである。しかし、現代の演出家たちはプロンプター・ボックスを舞台の中央にしつらえることを嫌う。舞台背景の統一性を損なうからである。彼らはプロンプター・ボックスを隠そうとする、あるいは別の方法でプロンプターを目立たなくしようとする。具体的に言えば、ボックスを舞台脇に置くか、あるいは完全に取り払ってしまう。もちろん、歌手たちはたいていそれを喜ばない。かくして、プロンプター・ボックスをどこに置くかは、妥協の産物ということになり、新制作になるごとに変わってくる。

文芸顧問

文芸顧問は、歌劇場において、その知的魂としての役割を担っているとも言えよう。

ドイツでは、文芸顧問は非常に特殊な任務を果たしている。つまり、彼は舞台演出家と劇場との橋渡しをする芸術面での責任者なのである。文芸顧問は上演作品の美学的方向性の見通しを示す。それゆえ、彼の仕事には非常に創造的な面があり、じっさい、いくつかの劇場では、その役割は演出家に劣らぬほど重要である。作品を練り上げていく過程において、文芸顧問はその歴史的背景を、たとえば当時の文学や哲学のテキストを用いて説明する。そうした情報を通じて、作品を正しい文脈に置き直し、いくつもの観点から解明することによって、作品の意味を改めて深く考えることが可能となる。

パリ・オペラ座では、文芸顧問の任務はやや違っている。もちろん、演出家や音楽監督が作品を理解し、解釈するのを手助けする役割を担っている点では、ドイツと変わりない。もし私がモデスト・ムソルグスキーの『ボリス・ゴドゥノフ』を指揮することになったら、文芸顧問に相談し、たとえば、複数の異なる版について詳しく説明してもらうだろう。けれども、パリ・オペラ座のような大きな劇場が依頼する演出家は、作品解釈に非常に強い信念を持っていることが多い。彼らはすでに確固とした芸術的経験を持っており、たいていの場合、劇場専属の文芸顧問に頼るまでもないのである。

それゆえ、パリ国立オペラでの文芸顧問の役割は、何よりもまず、広報活動や教育活動にある。たとえば、プログラムを作ったり、オペラ活動に関する新聞を発行したり、展覧会のカタログを作成したりする。インターネットのサイトを通じて情報を発信するほか、ポスターや広告の手配もする。さらには、講演会や展覧会、青少年のための劇、文学の夕べ、朗読会などを企画したり、学校や大学との共同企画を行なったりもする。

ホール

パリ国立オペラは、異なる場所に、しかも異なる時代に建てられたふたつの建物に分かれているため、一世紀にわたるオペラ・ホールの変遷を要約していると言えよう。ガルニエのホールは、観客が、オペラを観るというよりも、人前に姿を現わしたり、会話を楽しんだり、皇帝の姿を見たり（ただし皇帝は、一八七五年にガルニエ宮が落成する前に、退位している）、あるいはダンス・ホワイエで若い踊り子たちに会うために、劇場にやって来た時代を彷彿させる。一方、一九八九年に建てられたバスティーユのホールは、むしろ文化の大衆化を念頭に置いており、映画館のように、どの席からも舞台がよく見える構造になっている。

最初期のイタリア式ホールから現代のホールまでの変遷をたどれば、観客および彼らの文化意識がどのように変わって来たかを知ることができる。オペラの最初期、〈馬蹄型〉ないし〈イタリア式〉と呼ばれる劇場が主流だったが、その特等席は舞台全体を正面から見渡せる主君の席であった。ヴェネチアで、一六三七年に史上初めてオペラが一般に公開された際（それ以前は、もっぱら宮廷で上演されていた）、ホールの両壁面にボックス席が設けられ、裕福な観客が、それを買い取ったり、一年契約で借りたりして、人を招待した。この社交的慣例に終止符を打ったのは、バイロイト祝祭劇場を創設したリヒャルト・ワグナーである。このバイエルンの歌劇場は、オペラ・ガルニエより一年あとに建てられたが、それとはまさに対極的な造りであった。資金不足のため、装飾はいっさいなかった。このホールは古代の劇場をモデルにしている。ワグナーは、音楽の分野での革新者であっただけでなく、観客とオペラとの関係を根底から変えてしまった。彼の天才的ひらめきのおかげで、祝祭劇場のホールは、とりわけその音響効果によって、いまなお強烈な音楽体験の場であり続けている。

ホワイエ（ロビー）

ロンドンの英国ロイヤルオペラであれ、ウィーン国立歌劇場であれ、ミラノ・スカラ座であれ、幕間に観客が集まって談笑できる場所のことを「ホワイエ」と呼んでいる。昔、劇場には特権的な観客がくつろぐ部屋があり、そこに大きな暖炉があったことから、この名前が付いた（ホワイエ（foyer）とは、もともと、囲炉裏、暖炉を意味する）。

パリでは、火災に見舞われたパレ・ロワイヤルのオペラ座が、その数年後の一七七〇年に再建された際、新たに休憩室を設け、たちまち観客の人気を集めた。それがホワイエである。

とはいえ、十九世紀には、劇場や歌劇場の建築材として木が多く用いられていたので（もちろん舞台や舞台枠も木造だった）、たびたび火災が起きた。この時代の劇場の平均寿命はわずか十三年だったと言われている。パレ・ロワイヤルのオペラ座は、一七八一年、火災によってふたたび焼失してしまった。それから一世紀以上ものあいだ、パリにはオペラ上演にふさわしい劇場がなかったのである。ついに一八七五年、シャルル・ガルニエの設計による新しいオペラ座が落成した。ガルニエが考案したこの建築構造では、ふたつのホワイエが特権的な場所を占めている。まず「大ホワイエ」は、いまなお、その豪華さで訪れる者を圧倒する。オペラ座ガルニエのこけら落とし公演の晩、スペイン女王は、このホワイエを見に行くために、ボックス席を出たのだが、それによって、長く続いたひとつの伝統に終止符を打つことになった。それまでは、幕間に女性が席を立って劇場内を歩き回るのは、不作法とされていたのである。公共の場は、男だけの領域だったのだ。もうひとつのホワイエは「ダンス・ホワイエ」と呼ばれ、「大ホワイエ」とは反対側の端にあり、舞台にそのまま通じている。かつてパリの名士たちは、ここにやって来ては、歓談したり、オペラ座の踊り子を口説いたりしたものだ。いまでは、「ダンス・ホワイエ」は、もちろん公演のない日に限られるが、人気の観光スポットのひとつとなっている。しかし、このホワイエは、オペラの上演中、舞台を大きく見せるために使われることもある。たとえば、ロバート・カーセンは、リヒャルト・シュトラウスの『カプリッチョ』を演出した際、この空間を巧みに使っている。

幕間

オペラは幕間から生まれたといっても過言ではない。じっさい、ルネサンス期のイタリア宮廷では、芝居の幕と幕のあいだに〈幕間〉（intermèdes、イタリア語では *intermedi*）を挟む習慣が生まれた。幕間には、音楽が演奏されるだけではなく、神話を題材にした物語を歌いながら語る人物を登場させた。彼らはあまり動かないので、芝居というよりは、活人画のようだった。だが、十七世紀のはじめ、作曲家と作詞家がそれを筋立てのある劇に発展させようと思いついた結果、それまで座興でしかなかった幕間が独立した作品になった。それがオペラである。

オペラは劇作品の構造を取り入れている。つまりオペラもまた、規模の異なるさまざまなユニットで構成され、しかもそれらのユニットを通じて、内的な劇的一貫性が保たれている。たいていは、登場人物の入退場が「場」（scène）の切れ目となる。「景」（tableau）は、舞台装置の転換、つまり新しい舞台を設置することで、一区切りとなる。なかでも最大のユニットは「幕」（acte）であり、いくつかの「場」を束ね、劇の全体的動きをまとめている。オペラの幕と幕のあいだに挟まれる幕間〔この幕間はフランス語でentracteと言う〕は、長いあいだ、見世物の一部であった。というのも、舞台の転換は観客が見えるところで行なわれていたからである。しかし舞台の転換以外にも、別の見世物があった。つまり社交的見世物である。じっさい幕間は、劇場内にいるさまざまな社会階級の人々が互いに自分たちの姿を見せ合う機会であった。十九世紀の中頃になると、それが整然と行なわれる儀式となった。観客は席を離れ、劇場内を練り歩く。エリート同士が、ホワイエ（ロビー）で出会い、政治や経済などについて語り合う。しかし、幕間のためにしつらえられた場がこれほど豊かだったのは、パリ・オペラ座ガルニエができる以前のことである。

今日では、幕間になると、観客はしびれた足を伸ばし、歌手、演奏者、オーケストラ指揮者は一服する。しかしそのあいだにも、働いている人たちがいる。技術者たちは舞台転換に忙しく、舞台監督は、予定の時間通りスペクタクルを再開できるよう、時計から目を離さない。

マリア・カラス（一九二三〜一九七七）

時代ごとにそれぞれの伝説がある。モーツァルトの時代には、カヴァリエリがウィーンの聴衆を魅了した。十九世紀にはマリブラン（一八〇八〜一八三六）がいた。彼女はフランス・ロマン主義の作家たちとも親交があった。ジュディッタ・パスタもいた。ヴィンチェンツォ・ベッリーニが『ノルマ』を作曲したのは、まさに彼女のためであった。じつを言えば、マリア・カラスも、一九五〇年代にこのオペラの有名なアリア「清らかな女神よ」を歌って、一躍スターになったのである。パスタがそうだったように、カラスもまた、その一種独特の歌声で聴衆を驚嘆させた。ふたりとも、声の響きが純粋であるとか、絶対的に美しいとかいうわけではないが、彼女たちの歌は聴く者に異様な感覚を与え、それが彼女たちを唯一無二の歌手たらしめたのだ。それとは知らずにカラスの歌を聴いても、すぐに彼女だとわかる。現代であったら、これほど特異な声の色合いを持つ歌手が、キャリアを築くのはかなりむずかしかったにちがいない。歌声が呼び起こす特異な感情に加えて、マリア・カラスには女優としての才能があったことを、彼女の演技を実際に見た多くの人が証言している。悲劇の大女優として、彼女は身も心も自分が演ずる役になり切っている。彼女が残したビデオを見ても、その印象は裏付けられる。彼女はまた、超一流デザイナーの服に身を包んだポップスターとしての魅力もたっぷりで、じっさい、恋愛やゴシップで雑誌の第一面を飾ったこともある。こうしたさまざまな要素が重なって、マリア・カラスは、オペラ愛好者の枠をはるかに超え、二十世紀でもっとも有名なソプラノ歌手になった。

未完成

一概に未完成の作品と言っても、その未完成にはいくつかの種類がある。たとえば、作曲家が、まだ推敲段階の作品を残して死んでしまうというケースがある。ジャック・オッフェンバックが亡くなったのは、最後の作品『ホフマン物語』の稽古中であった。エルネスト・ギロー（一八三七〜一八九二）が、代わってスコアを仕上げたが、作曲家の当初の意図を歪めていないとは言い切れない。台本作者が亡くなった場合も、それがフーゴ・フォン・ホーフマンスタールのような才能の持ち主であれば、同じように作品そのものに大きな影響を与えかねない。一九二九年、ホーフマンスタールは、リヒャルト・シュトラウスとともに、オペラ『アラベラ』に取り組んでいた。台本は、少なくとも一通りは完成していた。しかし多くの箇所で、シュトラウスにも、ホーフマンスタール自身にも、不満が残った。作家は、第一幕を手直しする時間はあったが、そこで死んでしまったため、その先は手つかずのまま終わってしまった。シュトラウスは、芸術家としても、また人間としても、ホーフマンスタールと深い関係で結ばれており、それが彼の創作意欲を掻き立ててもいたのである。それゆえ、友人の死は、『アラベラ』に暗い影を落としている。このオペラのいくつかのパッセージからは、作曲家の創造エネルギーの衰えが感じられる。彼の創造エネルギーの幾分かは、天才的台本作者であり、真の共作者であったホーフマンスタールとの対話から生まれていたのだ。

オーケストラ指揮者アルトゥーロ・トスカニーニ（一八六七〜一九五七）は、『トゥーランドット』

を仕上げることなく死んでいったジャコモ・プッチーニに細やかな心遣いを示したが、それは芸術と友情とが結びついた深い尊敬の表われである。一九二六年に行なわれた初演の第一夜、指揮者は、プッチーニが作曲を止めたところで演奏を中断した。作品が未完成だったことを周知している聴衆は、鳴りやまぬ拍手喝采で、亡き音楽家に敬意を表した。翌晩から、トスカニーニは、プッチーニの弟子フランコ・アルファーノが書いた結末部分を演奏した。これが『トゥーランドット』の伝統版である。ところが二〇〇二年、作曲家ルチアーノ・ベリオはフィナーレの現代版を書いた。偉大な未完成作品は、作者が亡くなって長い年月を経たのちでも、インスピレーションの源泉であり続けるということの確かな証しである。

名人芸

名人芸の極みは、歌手がその軽やかな声で歌いつつある歌詞をさまざまに飾りたてる技量であろう。むずかしいパッセージを練習するには、まず技術を磨かねばならない。もちろん、それはあらゆる音楽演奏について言えることである。しかし、技術を完璧に身につければそれでよいということにはならない。技術的な困難にぶつかった歌手が、演じる人物の思いをはっきり理解させてくれるひとことを聞いただけで、その難局を乗り越えることができたという場合も珍しくない。名人芸的なパッセージの背後にある心理的動機は何か、そのパッセージが伝えようとしている感動とはいかなるものか、そうしたことを知ることによって、歌手は自分がどうすべきか、正しい見通しを得ることがずいぶん容易になる。たとえば、『魔笛』における夜の女王の有名なヴォカリーズ〔母音唱法〕は、ソプラノの名人芸を披歴するためにだけ書かれているわけではない。それは女王の怒りと自分の娘パミーナにザラストロを殺せと迫る激しい恫喝を表わしているのだ。じっさい、女王は、自分の敵であるザラストロを殺せ、さもなければお前は自分の娘ではないと、パミーナに激しく迫る。

このように、十八世紀にドイツ語で書かれたオペラである『魔笛』も、かなり高度な名人芸を要求しているとはいえ、声楽の名人芸の本家本元はイタリア・オペラ、とりわけバロック期の〈高尚なジャンル〉にあった。十七世紀、カストラートたち――彼らのほとんどはナポリ出身である――が、その滑らかでしなやかな声で一世を風靡した。彼らは、原譜の旋律に、変奏や装飾を自在に加える。そのようにアリアを飾りたてることが、彼らの歌手稼業の一部なのであった。自分の持てる技量のすべてを観客に披露しなければ、スターにはなれなかったのである。それが名人芸の行き着く先である。たしかに名人芸は観衆の称賛の的にはなるが、それ自体が目的であってはならない。

メセナ

オペラは金のかかる芸術であり、交付される公的助成金だけで、その支出総額をすべてまかなうことはできない。そのため、オペラを存続させるうえで、メセナからの出資が重要な意味を持つ。その見返りとして、私たち芸術家にできるのは、メセナ関係者たちと親しく付き合うことである。年に何度か開催されるパリ国立オペラ賛助協会（AROP）の夕食会〔ガラの項目参照〔五四頁〕〕は、公演の打ち上げとして行なわれ、パリ国立オペラのメセナ関係者と芸術家との出会いの場になる。芸術家にとって、寄付者たちに自分たちの仕事を理解してもらうよい機会になるし、公演でともに味わった感動の余韻が漂うなかでの、またとない交流のひとときともなる。

もちろん、メセナ活動を行なう動機は、純粋に芸術的というわけではない。いつの時代にも、さまざまな分野――オペラをはじめ、絵画や文学も含めて――において、世のエリートたち、とりわけ政治的エリートたちは、権力や影響力を誇示すべく、芸術保護者となる。今日では、歌劇場に寄付を行なう個人あるいは企業は、とりわけ経済的な力を誇る。彼らは、寄付することで税制上の優遇措置も受けている。ほとんどの場合、メセナは見返りを要求しない。とはいえ、寄付金の使い道を指定することはある。ただしその場合にも、その指定条件が、歌劇場の方針および劇場に託された公共サービスの使命に合致するものであることが必要である。たとえば、ピエール・ベルジェ〔ピエール・ベルジェ＆イヴ・サンローラン財団の会長であり、フランスを代表するメセナ活動家、オペラ愛好家、パリ国立オペラの名誉会長〕は、音楽シーズンの財政支援を続けているが、自分の出す寄付金の一部を、教育活動と若い観客の育成に充てるという条件をつけている。もちろん、私たちもそれに全面的に賛同している。

ライトモチーフ

「ライトモチーフ」という言葉は、おのずからワグナーのオペラを想い起こさせる。じっさい、ワグナーのオペラでは多くのライトモチーフが現われるため、どうしても過度に重要視されがちである。たしかに、どの主題がどの人物を表わしているかを知ることは重要かもしれないが、私からすれば、ライトモチーフは作品を構築するための一手段にすぎず、その本質をなすものとは思われない。

そもそも、どんなオペラにも、印象深い主題がいくつかある。『トラヴィアータ』では ***Libiamo***（乾杯）のアリア、『トリスタンとイゾルデ』では ***Vorspiel***（前奏曲）やイゾルデの死の旋律、『カルメン』では ***Habanera***（ハバネラ）と闘牛士の歌……。モチーフ（動機）のなかには、特定の人物に結びついているものもある。たとえば、『ドン・ジョヴァンニ』の序曲は、作品の最後にふたたび登場する騎士長を暗示している。こうした主題が重要なのは、観客の記憶のなかで、それらがオペラ全体に容易に溶け込んでいくからである。ワグナーは、ほとんど無意識のうちに働くこうした記憶作用をうまく利用するすべを心得ており、それゆえ彼は、「ライトモチーフ」よりも、*Erinnerungsthema*「回想主題」という言葉を好んで使った。ワグナーにとって、それはひとつの音素材であり、彼はそれを絶えず変形させながら、他の主題と結びつけていく。そうすることによって、それぞれの人物、それぞれの事物、さらにはそれぞれの場面に、重層的な――ときには謎めいた――意味を与えることが可能となる。ワグナーに続くリヒャルト・シュトラウスは、モチーフの使い方をさらに突き詰める。つまり彼は、モチーフを解体し、それを断片的に使うのである。モチーフはもはや、人物の心理を暗示したり、物語の意味を語ったりするのではなく、音楽を奏でるための単なる音素材なのである。『サロメ』のような作品はとても複雑に見える。しかしスコアを仔細に検討すると、さまざまな主題が緊密に結びついて、ひとつの統一体をなしていることが分かる。観客にとって、それが導きの糸になるのである。

リリック

art lyrique（リリック芸術）という言葉は、たいていの場合、音楽ジャンルとしてのオペラを言い表わしており、また**théâtre lyrique**（リリック劇場）とはオペラの上演を主目的とする文化施設を指している。「リリック」という言葉の語源は、遠く古代ギリシアにさかのぼり、詩人たちの歌を伴奏する竪琴（lyre）に由来する。ルネサンス期の人々は、はるか昔のこの時代に思いを馳せ、当時の詩人をモデルとして、最初のオペラ作曲家が現われた。のちに世界初のオペラ作品とされたモンテヴェルディの『オルフェオ』が、竪琴を奏でながら歌うその歌声が神々の心さえ動かしたと言われるオルフェウスを主人公としているのは、けっして偶然ではない。このギリシア悲劇の理想は、それから二世紀半後、ワグナーにも霊感を与え、彼の〈全体芸術〉の観念にも結びついている。

しかし、musique lyrique（リリック音楽）とは、もっと広い意味での声楽ジャンルを言うこともある。つまり、オペラのような音楽劇だけでなく、ひとりの歌手、何人かの歌手が歌う場合も、それに含まれる。じっさい、lyrisme（叙情）とは、個人的感情の芸術的表現を意味する。文学におけるpoésie lyrique（叙情詩）もまた、何よりも自分の主観性を表現する語り手を前提としている。詩人を取り巻く世界が、彼のうちに、さまざまな色合いの情感を呼び覚ます。愛、憂愁、人間存在への問いかけ……。しかも歌は、もっとも個人的な楽器、すなわち声を用いる芸術にほかならない。

それゆえ、リリック音楽は、十九世紀から二十世紀初頭にかけて発展を見た特異な音楽形式を指すこともある。ドイツではLieder〔リーダー、Lied（リート、歌）の複数形〕と呼ばれ、シューベルト（一七九七〜一八二八）、シューマン（一八一〇〜一八五六）、ヴォルフ（一八六〇〜一九〇三）などによって書かれた。フランスではmélodies〔メロディー、歌曲のこと〕と呼ばれ、フォーレ（一八四五〜一九二四）やドビュッシーがその代表的作曲家である。いずれの場合も、詩を歌詞として、ピアノの伴奏で歌うものである。

レチタティーヴォ

レチタティーヴォはオペラと芝居の深いつながりを改めて認識させてくれる。十七世紀の初頭、最初期のオペラ作曲者たちは、「歌いながら語る」(*raccontar cantando*) という新しい技法を編み出した。朗読に近いレチタティーヴォは、リズムの取り方もかなり自由で、低音だけの単純な伴奏で、歌いながら語る。レチタティーヴォ・セッコは、チェンバロ、ときにはピアノフォルテが伴奏する。レチタティーヴォ・アコンパニャートでは、オーケストラが伴奏する。レチタティーヴォ・アコンパニャートがすっかり定着したのは十八世紀の終わりからで、作曲家クリストフ・ヴィリバルト・グルック(一七一四〜一七八七)がオーケストラの役割を広げ、この種のレチタティーヴォを積極的に用い、劇的効果を高めることを狙ったのである。十九世紀になると、フランスでは、レチタティーヴォの有無によって、グランド・オペラとオペラ・コミックが区別されるようになった。オペラ・コミックでは、レチタティーヴォではなく、普通の語りが入る。たとえば、一八七五年にジョルジュ・ビゼーが亡くなってから、エルネスト・ギローが『カルメン』の対話の部分に音楽を付けたが、それは、より高尚なジャンルである〈グランド・オペラ〉としての体裁を整えるためであった。しかし同じ十九世紀の終わり、とりわけドイツでは、レチタティーヴォとアリアの区別がなくなってしまったが、それは、ワグナーが唱え、実践した〈無限旋律〉の理論によってである。

オペラが終わり、ひとたび劇場の外に出ると、観客の多くは、アリアはしっかり覚えているとしても、レチタティーヴォのほうはあらかた忘れてしまうだろう。ところが、演出家にとっても、オーケストラ指揮者にとっても、レチタティーヴォの扱いはアリアよりもむずかしい。ドラマの緊迫した流れが断ち切られ、観客の集中力が途切れてしまう危険性がもっとも高いのも、レチタティーヴォが続くあいだなのである。しかし逆に、レチタティーヴォが念入りに作られている場合、アリアへの絶妙な導入部となる。

モーツァルトの場合で言えば、一七八六年に作曲された『フィガロの結婚』と一七九一年の『皇帝ティートの慈悲』では、レチタティーヴォの出来栄えが格段に違う。『フィガロの結婚』では、ユーモア、しゃれたほのめかし、巧みな抑揚と劇的迫真性の味わいがあり、モーツァルトと台本作者ダ・ポンテの息がぴたりと合っていたことを物語っている。それから数年後、病気になり、そのうえ『魔笛』の作曲に没頭していたモーツァルトは、『皇帝ティートの慈悲』のレチタティーヴォを書く時間がなく、弟子のジュスマイヤーに書かせた。もちろん、弟子の才能は師のそれにはとうてい及ばなかった。

レパートリー

レパートリーとは、ひとつの歌劇場でかつて上演されたことがあり、いわばその劇場の資産となっている作品の総体を言う。レパートリー作品の反対は、新作である。

しかし「レパートリー作品」と言う場合、もっと広く、世界中の歌劇場で常時上演されている作品の総体を指すのが普通である。ニューヨーク、パリ、ロンドン、あるいはブエノスアイレスで、絶えず繰り返し上演されるのはモーツァルト、ヴェルディ、プッチーニなどである。一九四〇年代からは、このレパートリーがなかなか増えないでいる。他の文化産業との競合で、オペラが苦戦を強いられているためだ。観客が劇場に足を運ぶのも、なじみの作品が上演されていればこそである。レパートリー作品は、レコード時代になってからは、さらになじみ深いものになっている。ジュゼッペ・ヴェルディは、生活のために、数多くのオペラを立て続けに作曲した。それにたいして、ベンジャミン・ブリテンは、自作の上演に漕ぎつけるのに、毎回悪戦苦闘しなければならなかった。オペラ創作の社会的条件がすっかり変わってしまったのである。

「レパートリー劇場」という場合の「レパートリー」とは、数週間にわたる上演作品のプログラム構成を指している。こうした経営形態は、いまではドイツ語圏およびその周辺の国々でしか見られない。そのためには、ひとつの劇場において一年契約で働く歌手団（アンサンブル）、毎晩交わるがわる上演する出し物、一年のうち十か月を通じて上演を続けられる劇場、そうした条件が必要である。演目はほとんどが再演作品（二十五から六十ほど）で、リハーサルの回数も限られる。そのため、さまざまな制約があり、たとえば、舞台装置はシンプルで、簡単に取り換えられるものでなければならない。ひとつの作品の上演期間もきわめて短く、それゆえ、演ずる歌手たちも偏ってしまい、〈スタジオーネ〉ないし〈セミ・スタジオーネ〉〔「スタジオーネ」の項を参照されたい〕の劇場のように、うまくバランスが取れない場合が多い。

練習

ひとつのオペラ作品を上演するには、かなり短期間に、数百人に及ぶスタッフが緊密に連携して作業に当たらなければならない。そのため練習は、細かい予定表に基づいて、計画的に行なわれる。しかし、練習を始める前に、ふたつの準備段階がある。まず、公演初日の二年ほどまえ、劇場のトップに、演出家が舞台のひな形を使って構想を説明する。ついで *Bauprobe* と称し、舞台上に舞台装置の仮組をして、技術的制約などの問題を検討する。オーケストラ指揮者とオーケストラの代表者も参加して、音響の問題を確認する。この「バウプローベ」は、公演の始まる約一年前に行なわれる。最初に練習を始めるのは合唱で、初日の三か月から四か月前からである。アルノルト・シェーンベルクの『モーゼとアロン』のような複雑な構造を持つオペラでは、合唱の練習を一年前から始めることさえある。じっさい、『モーゼとアロン』では、合唱こそ主要人物なのである。通常の場合、初日の六週間前から、出演歌手たちが、演出家の立ち合いのもと、仮の舞台で、仮の衣装を着て、稽古を始める。ほぼ同じ頃から、歌の練習も始まり、出演歌手たちは歌唱コーチのピアノ伴奏で練習する。ときにはオーケストラ指揮者が伴奏することもある。初日の三週間前にもなると、演出家は通し稽古――つまり、オペラ全体を最後まで続けて練習すること――をする頃合いをうかがうようになる。ただし、それはまだ〈ピアノ舞台〉で、オーケストラはまだ参加しない。照明技師や技術者たちも、舞台装置や照明の設置や調整で、急に慌しくなる。一方、オーケストラと指揮者も、〈オーケストラの譜読み〉を始める。つぎに〈イタリア式〉稽古が行なわれ、歌手たちとオーケストラが、振り付けなしに、歌と音楽だけで演奏する。最後に、初日までの二週間、〈オーケストラ舞台〉が行なわれるが、舞台演技と音楽がうまくかみ合うよう調整することが主目的である。ほぼ同じ時期に、〈ピアノ総稽古〉が行なわれる。ピアノの伴奏で、オペラ全体を舞台上でじっさいに演ずるが、細かな技術的問題、さらには衣装やメイキャップなどを確認し、不具合があれば調整するためである。それから〈プレ総稽古〉が行なわれる。これも通し稽古ではあるが、場合によっては途中で止めて、問題の箇所を繰り返す。そうした過程を経て、ついに本当の総稽古となり、初日の二日から四日前に行なわれる。私個人としては、公開で行なうほうがよいと思っている。公演でのホールの雰囲気があらかじめ分かるからである。総稽古では、演奏を途中で止めることはめったにない。総稽古が終わると、ついに初日の夕べを迎えるが、それはまた別の話である……。

若者たち

オペラの観客の平均年齢は、かなり高いと言わねばならない。たとえば、パリ国立オペラでは、二〇一一年の時点で、四十九歳だった。とはいえ、この現象がオペラの観客がしだいに減っていくことを意味しているとは思われない。前世紀にくらべれば、私たちの日常生活において、クラシック音楽の存在感が薄れていることはたしかであろう。じっさい、他の音楽ジャンルや娯楽との競合がますます激しくなっている。多くの若者たちは、むしろ映画に行ったり、ラップやポップ音楽を聴きに行ったりする。しかし、年齢とともに好みも変わってくる。オペラは大人の芸術であって、たいていの場合、オペラに興味を持つのは、ある程度の年齢に達してからである。とはいえ、あらゆる年齢層に親しまれている作品もある。とりわけ、モーツァルトの『魔笛』、プロコフィエフ（一八九一〜一九五三）の『三つのオレンジへの恋』のような夢幻的世界を描いた作品は、大人にも、子供にも、人気がある。私たち歌劇場としても、一年を通じて、つねに教育活動に力を入れている。たとえば、二〇一三年、オペラ・バスティーユではワグナーの四部作を上演したが、生誕二百年を記念するせっかくの大イベントなので、若い観客にもワグナーに親しんでもらおうと、『ジークフリートと呪われた指環』も合わせて上演した。この作品は、ワグナーの四部作を要約した子供向けのオペラで、作曲家が舞台化した伝説と冒険の世界を分かりやすく表現している。この作品を観た子供たちは、明日のオペラ常連客となることだろう。

笑いと涙

笑い、それとも涙？　オペラの観客は、笑うために来るのだろうか、あるいは泣くために来るのだろうか。最初期のオペラを特徴づけるバロック美学は、あえてジャンルを混ぜこぜにしたため、コミックな要素とより深刻な要素が交互に置かれる。しかし十八世紀の初頭、ローマのアルカディア・アカデミー〔一六九〇年に創設された音楽家の団体〕に集う知識人たちが、のちには詩人メタスタージオが、彼らの目には過剰な空想性と非合理性に陥っているとしか思えないオペラという芸術の精神性を高めることに努めた。メタスタージオは、六十にも及ぶ台本を書くことで、オペラ・セリアの規範を確立した。じっさい、ヨーロッパの全域に及ぶ数多くの作曲家たちが彼の台本を使ってオペラを書いているが、それは彼の影響の大きさをはっきり示している。メタスタージオが書いたオペラはまさに〈高尚なジャンル〉であり、ジャンルの混交や超自然的な主題は排除され、すべてが規範化されている。オペラにおいて荒唐無稽な要素が消えていくにしたがって、オペラ・ブッファが人気を博するようになった。セリアより地味なジャンルで、最初は、当代の有名歌手〔カストラートやディーヴァたち〕ではなく、ごく普通の歌手兼俳優によって演じられ、登場人物もごく普通の人間であった。オペラ・セリアよりも多様な音楽形式を含み、作曲家はかなり自由に作曲できた。やがてメタスタージオ流の堅苦しいオペラがすたれてきたとき、モーツァルトがオペラ・ブッファとオペラ・セリアのみごとな統合を実現した。『フィガロの結婚』はオペラ・ブッファに属するとはいえ、時折、そこに悲しみが織り込まれる。たとえば、伯爵夫人の最初のアリアは、夫の愛を失った妻の深い嘆きを歌い、観客の涙を誘う。さらに第四幕は、バルバリーナのカヴァティーナ〔アリアより単純な形式による独唱曲〕で始まるが、そのメランコリックな数小節で、この小娘の意外に深刻な内面が浮き彫りにされる。それとは逆に、『ドン・ジョヴァンニ』では、従僕レポレッロを登場させることで、この非常に陰鬱な物語に滑稽な要素を取り入れている。このウィーンの作曲家亡きあと、ロマン主義の時代を迎えると、悲劇的な作品が好まれるようになる。オテロからイゾルデにいたる数多くのヒーローおよびヒロインが、その死によって観客の心を激しく揺さぶった。しかしその一方で、喜劇を書きたいという意欲が途絶えたわけではなく、一八九三年、ヴェルディは『ファルスタッフ』を作曲した。シェイクスピアが創造した有名な人物を登場させることで、ヴェルディは、八十歳近くになってから、彼自身のあまたのオペラのなかでももっとも偉大な、しかももっともコミカルな作品を生み出したのである。

それではいったい、人がオペラを観に来るのは、笑うためだろうか、それとも泣くためだろうか。ともあれ、ここで言えるのは、いつの時代でも、優れた悲劇を書くよりも、優れた喜劇を書くほうがむずかしいということである。しかし作曲家たちも、そのことをよく知っている。観客の興味を呼び覚まし、彼らを感動させるには、彼らの期待や予期を巧みに利用しなければならないのだ。プッチーニの『ラ・ボエーム』は、画家のアトリエで貧しくとも幸福な青年たちが陽気にはしゃいでいる場面から始まるが、この屈託のない呑気な雰囲気が冒頭に描かれているからこそ、終幕のミミの死が、思いもかけず、強い感動を観客に与えるのである。

訳者あとがき

本書は、Philippe Jordan (avec la collaboration d'Emmanuelle Josse), *Les 100 mots de l'opéra* (Coll. « Que sais-je ? » n° 3978, PUF, 2013) の全訳である。

本書の最大の特徴は、新進気鋭というよりもすでに中堅として世界的に活躍している指揮者フィリップ・ジョルダンによって書かれていることであろう。そこでまず著者の略歴をたどっておきたい。

フィリップ・ジョルダンは、一九七四年十月十八日にスイスのチューリヒで生まれている。父親はやはり指揮者であったアルミン・ジョルダン。六歳でピアノを始め、八歳でチューリヒ少年合唱団に入団、十一歳でヴァイオリンも始める。十六歳でチューリヒ・コンセルヴァトワールに入学、ピアノ教授のディプロマを獲得する。並行して、作曲家ハンス・ウルリヒ・レーマンに師事、音楽理論と作曲を学ぶ。またカール・エンゲルにも師事してピアノの勉強を続ける。もちろん、父親からも学んでいる。

一九九四〜九五年のシーズンにドイツのウルム州立劇場のカペルマイスターに指名され、その翌年にはブリュッセルのモネ王立劇場でドニゼッティの『ドン・パスクアーレ』を指揮してデビュー、その後、ジュネーブ、ベルリン、ウィーン、パリと活躍の場を広げていく。

一九九八年から三年間、ベルリン国立歌劇場（シュターツオーパー・ウンター・デン・リンデン）でカペルマイスターとしてダニエル・バレンボイムのアシスタントを務めており（これについては、本書でも触れられている）、現在も同歌劇場の首席客員指揮者の地位にある。また二〇〇一年九月から二〇〇四年六月までグラーツ・オペラとグラーツ・フィルハーモニー管弦楽団の首席指揮者を務める。またベルリン・フィル、ウィーン・フィル、フランス放送フィル、スイス・ロマンド管弦楽団などに招かれて指揮している。

オペラでは、ヒューストン大劇場でサン＝サーンスの『サムソンとデリラ』を、グラインドボーン・フェスティバルでビゼーの『カルメン』を、ニューヨークのメトロポリタン歌劇場でヨハン・シュトラウスの『こうもり』を、ロンドンとザルツブルクでモーツァルトの『魔笛』と『コジ・ファン・トゥッテ』を、パリ国立オペラでリヒャルト・シュトラウスの『ナクソス島のアリアドネ』、『ばらの騎士』を、それぞれ指揮する。

二〇〇七年十月、二〇〇九〜一〇年のシーズンからのパリ国立オペラの音楽監督就任が発表され、二〇一一年十月には、その契約が二〇一八年七月まで延長された。就任時のシーズンにはジェルジュ・リゲティのヴァイオリン協奏曲（独奏イザベル・ファウスト）、リヒャルト・シュトラウスの『アルプス交響曲』、そしてワグナーの『四部作』の最初の二作を指揮する。さらに二〇一一年十月、二〇一四〜一五年のシーズンから五年間におよぶウィーン交響楽団の首席指揮者に指名された。

ちなみに、日本の音楽雑誌『レコード芸術』二〇一五年九月号の特集「現代の名指揮者ランキング」でも、フィリップ・ジョルダンは「未来の巨匠指揮者ベスト・テン」に入っており、「劇場叩き上げのキャリアを積み頭角を現わす」、「比類ない〈歌〉へのこだわり」、「数あるオペラ作品のなかでも色彩感覚とパッションに訴えかけるレパートリーは彼の独壇場である」と言ったコメントがつけられている。最後に、音楽之友社主催の第五十三回（二〇一五年度）「レコード・アカデミー賞」の管弦楽部門で彼がパリ国立オペラのオーケストラと合唱団を指揮したラヴェル『バレエ《ダフニスとクロエ》全曲、ラ・ヴァルス』が受賞したことを付け加えておきたい。

本書でも、以上のような著者の経歴・経験が生かされている。

まずは、項目として五つのオペラ作品（『ヴォツェック』、『オルフェオ』、『トラヴィアータ』、『トリスタンとイゾルデ』、『フィガロの結婚』）が挙がっているが、そのいずれにも、通り一遍の解説を越えて、著者の指揮者としての独自な解釈が加えられており、これらのオペラを鑑賞するうえでも非常に参考になるだろう。ほかにも、たとえば「解釈」の項目では、『コジ・ファン・トゥッテ』の結末についての興味深い解釈が見られるし、また「フィナーレ」の項目では、『フィガロの結婚』の最終幕のフィナーレについて、さらにはヴェルディの『オテロ』のフィナーレについても、それぞれ勘所を押さえた分析がなされている。

あるいはもっと一般的に、指揮や演奏に関する興味深いコメントも随所に見られる。

「ワグナーのオペラには強調されたフォルテッシモがしばしば出てくるが、最初から音を全開にするのではなく、クライマックスに向かって、徐々に盛り上がっていくようにしなければならない。そうした技術は偉大な指揮者の秘訣である。年を重ねるにつれて、偉大な指揮者は音を抑える術を完璧に身につける。」(「指揮棒」)

「とはいえ、指揮棒は絶対に必要というわけではない。ピエール・ブーレーズ、小澤征爾、あるいはヴァレリー・ゲルギエフは〔…〕指揮棒なしで指揮することを好む。私もまた、モーツァルトの音楽を指揮するとき、たとえばアリアの場面では、なるべく指揮棒を使わないようにしている。それによって、演奏に柔軟性が増すとともに、モーツァルトの音楽の表現性をいっそう引き立たせることにもなる。」(「指揮棒」)

「字幕を批判する人たちは、観客が文字を読むのに忙しく、歌や音楽をじっくり味わう妨げになると言う。字幕にたいして、私はそれほどやかましくは考えないが、ただひとつ心配なのは、歌手たちのあいだで、発声法を磨こうとする意欲が薄れるのではないかということである。しかしオペラでは、発声法はきわめて重要な要素なのである。」（「字幕」）

「オペラが終わり、ひとたび劇場の外に出ると、観客の多くは、アリアはしっかり覚えているとしても、レチタティーヴォのほうはあらかた忘れてしまうだろう。ところが、演出家にとっても、オーケストラ指揮者にとっても、レチタティーヴォの扱いはアリアよりもむずかしい。ドラマの緊迫した流れが断ち切られ、観客の集中力が途切れてしまう危険性がもっとも高いのも、レチタティーヴォが続くあいだなのである。しかし逆に、レチタティーヴォが念入りに作られている場合、アリアへの絶妙な導入部となる。」（「レチタティーヴォ」）

もちろん、本書はオペラの総体的・総合的な入門書であり、オペラの誕生から今日に至るまでの変遷について、あるいは歌劇場、ホール、オーケストラ・ピット、舞台、舞台装置、舞台裏、ホワイエなどの施設について、また演出家、舞台監督、照明技師、歌唱コーチ、プロンプター、文芸顧問などのオペラ上演を支える人々の役割や働きぶりについて、さらにはひとつのオペラ作品が企画の段階からどのような過程を経て公演にまでこぎつけるのかといったことについて、詳しく知ることができる。本書を読了されれば、オペラというスペクタクルが作り出される背景やプロセスが具体的に分かり、それによって、オペラの舞台をより深く、より立体的に味わうことができるようになるにちがいない。

著者は、日本の聴衆にとっても、オペラがより身近なものになることを期待している。

「今日、オペラの新天地はどこだろうか。もっとも有望なのは、アジアだろう。三十年ほど前から、日本人はクラシック音楽とオペラに情熱を傾けてきた。一昔前であれば、日本人歌手といえば『蝶々夫人』と相場が決まっていたが、最近では、それ以外の役が与えられる歌手たちが育っている。」(「普及」)

とはいえ、日本ではまだオペラの上演回数が絶対的に少ないし、またチケットも非常に高額である。今後、こうした状況が少しずつでも改善することが期待される。というのも、著者も繰り返し強調しているように、オペラは「生きたスペクタクル」であり、その醍醐味はやはり生の舞台でしか味わえないからである。

「演奏におけるひとつの決定的真実を、ディスクはまったく伝えてはくれないのである。要するに、生きたスペクタクルにおいてかけがえのないものとは、演奏者と観客がひとつになることから生まれるあの魔法の力である。どんなディスクも、どんなＤＶＤも、同じ瞬間、同じ場所で、数百人の人々が同時に味わうあの感動の力に取って代わることはできないのだ。」(「再生」)

翻訳に当たって、田口と武藤が五十項目ずつ担当して訳したうえで、相互に検討したが、訳文の文体的統一は、読みやすさ、分かりやすさを旨に、武藤が行なった。白水社編集部・文庫クセジュ担当の小川弓枝さんには、訳文を丁寧に検討していただいたうえ、いろいろ有益なご指摘をいただいた。厚く御礼申し上げたい。

二〇一六年二月

武藤剛史

訳者略歴
武藤剛史（むとう・たけし）
1948年生まれ
京都大学大学院博士課程中退
フランス文学専攻
共立女子大学文芸学部教授
主要著訳書
『プルースト　瞬間と永遠』（洋泉社），アニー・パラディ『モーツァルト　魔法のオペラ』（白水社），ジャン・V・オカール『比類なきモーツァルト』（白水Uブックス），エリック・シブリン『「無伴奏チェロ組曲」を求めて』（白水社），ミシェル・アンリ『キリストの言葉』（白水社），ピエール・ラビ『良心的抵抗への呼びかけ』（四明書院），ミシェル・フイエ『キリスト教シンボル事典』，マリナ・フェレッティ『印象派［新版］』，パトリック・ドゥムイ『大聖堂』（以上，白水社文庫クセジュ）

田口亜紀（たぐち・あき）
東京都生まれ
パリ第四大学文学博士
東京大学大学院人文社会系研究科博士課程満期退学
共立女子大学文芸学部文芸学科フランス語フランス文学コース准教授
近代フランス文学，日仏比較文化専門
主要著書
Nerval. Recherche de l'autre et conquête de soi — Contribution au suivi d'une genèse dans le Voyage en Orient（ベルン，ピーターラング社），*Nicolas Bouvier, Espace et Écriture*（共著，ジュネーヴ，ゾエ社），『満鉄と日仏文化交流誌「フランス・ジャポン」』（共著，ゆまに書房），『両大戦間の日仏文化交流』（REVUE FRANCO-NIPPONNE別巻，共著，ゆまに書房），『近代日本における象徴主義』（共著，水声社）

人名索引

指＝指揮者　曲＝作曲家　歌＝歌手　作＝作家　詩＝詩人　演＝演出家
奏＝演奏家　建＝建築家　監＝舞台・映画監督　舞＝舞台美術

ア行

カ行

サ行

タ行

ナ行

ハ行

マ行

ヤ行

ラ行

ワ行

作品名索引

ナ行

ハ行

マ行

ラ行

文庫クセジュ　Q 1006
100 語でたのしむオペラ

2016年6月30日　第1刷発行
2017年1月25日　第2刷発行
著　者　フィリップ・ジョルダン
執筆協力　エマニュエル・ジョス
訳　者　©　武藤剛史
田口亜紀
発行者　及川直志
印刷・製本　株式会社平河工業社
発行所　株式会社白水社
東京都千代田区神田小川町 3 の 24
電話　営業部　03 (3291) 7811 / 編集部　03 (3291) 7821
振替　00190-5-33228
郵便番号　101-0052
http://www.hakusuisha.co.jp

乱丁・落丁本は，送料小社負担にてお取り替えいたします．
ISBN978-4-560-51006-3
Printed in Japan

文庫クセジュ

芸術・趣味

文庫クセジュ

語学・文学

266 音声学
489 フランス詩法
514 記号学
526 言語学
579 ラテンアメリカ文学史
598 英語の語彙
618 英語の語源
646 ラブレーとルネサンス
690 文字とコミュニケーション
706 フランス・ロマン主義
711 中世フランス文学
714 十六世紀フランス文学
716 フランス革命の文学
721 ロマン・ノワール
729 モンテーニュとエセー
753 文体の科学
774 インドの文学
776 超民族語
777 文学史再考
784 イディッシュ語
788 語源学
817 ゾラと自然主義
822 英語語源学
829 言語政策とは何か
832 クレオール語
833 レトリック
838 ホメロス
840 語の選択
843 ラテン語の歴史
846 社会言語学
855 フランス文学の歴史
868 ギリシア文法
873 物語論
901 サンスクリット
924 二十世紀フランス小説
930 翻訳
934 比較文学入門
949 十七世紀フランス文学入門
955 ＳＦ文学
965 ミステリ文学
971 100語でわかるロマン主義
976 意味論
980 フランス自然主義文学

文庫クセジュ

歴史・地理・民族（俗）学

文庫クセジュ

文庫クセジュ

社会科学

357 売春の社会学
396 性関係の歴史
483 社会学の方法
616 中国人の生活
654 女性の権利
693 国際人道法
694 外科学の歴史
717 第三世界
740 フェミニズムの世界史
744 社会学の言語
746 労働法
786 ジャーナリストの倫理
787 象徴系の政治学
824 トクヴィル
845 ヨーロッパの超特急
847 エスニシティの社会学
887 ＮＧＯと人道支援活動
888 世界遺産
893 インターポール
894 フーリガンの社会学
899 拡大ヨーロッパ
917 教育の歴史
919 世界最大デジタル映像アーカイブ ＩＮＡ
926 テロリズム
936 フランスにおける脱宗教性《ライシテ》の歴史
940 大学の歴史
946 医療制度改革
957 ＤＮＡと犯罪捜査
994 世界のなかのライシテ